ÉCRAIN DE LA JEUNE FEMME

UNE ÉDUCATION
DANS LA FAMILLE

I

UNE ÉDUCATION

DANS LA FAMILLE

CONSEILS PRATIQUES D'UNE MÈRE

PAR

Mme JULES SAMSON

Ouvrage couronné par l'Académie française.

TROISIÈME ÉDITION

PARIS

HENNUYER, IMPRIMEUR-ÉDITEUR

47, RUE LAFFITTE, 47

Droits de reproduction et de traduction réservés.

INTRODUCTION

L'éducation ne suppose pas seulement l'instruction : il n'est pas rare de rencontrer des ignorants qui ont l'air distingué et des érudits qui manquent de formes. Une éducation parfaite doit donc unir à la culture du cœur et de l'esprit la politesse des manières.

Ce résultat ne saurait s'obtenir pour les filles sans l'influence salutaire de la vie de famille et les exemples qu'elles doivent avoir constamment sous les yeux. L'éducation publique, où l'enfant ne peut respirer cette atmosphère d'intimité affectueuse qui est propre aux mœurs de la famille, semble plutôt faite pour les garçons. Quant aux filles, rien ne vaudra pour elles la bonne et naturelle éducation qu'elles reçoivent auprès de leurs mères : par beaucoup de soins et beaucoup de pratique plutôt que par des préceptes et des théories.

La condition indispensable pour atteindre ce but, c'est qu'une mère ait le jugement sain et qu'elle s'occupe sans cesse de son enfant.

« Ce qui fait que le devoir d'éducation est une des plus grandes austérités que l'on puisse pratiquer, c'est qu'il n'admet pas de relâche », a dit Mme de Maintenon, la fondatrice de Saint-Cyr, qui eut véritablement le génie de la *pédagogie*.

Il est bien difficile, en effet, d'être à la fois une femme du monde et une mère vigilante. La dissipation est le contraire de la régularité nécessaire à l'enfant. Une mère dévouée doit donc — j'excepte naturellement celles qu'un travail impérieux retient — se consacrer entièrement à la tâche douce et austère d'élever elle-même ses filles.

Les pensions, dont il serait puéril de discuter l'utilité et qui s'adressent aux familles où l'éducation de l'enfant est impossible, ont l'inconvénient de ne fournir aucune notion de la vie réelle, aucun modèle des vertus domestiques, base de toute bonne éducation. La jeune fille y prendra l'habitude de la méthode et d'une discipline plus exacte peut-être que celle de la maison maternelle; elle y acquerra sans doute une instruction égale, mais elle y perdra à coup sûr ces leçons pratiques de morale, ces premiers enseignements qui ne s'effacent jamais et qui servent plus tard à la femme de règle de conduite.

Du dévouement, de l'ordre, du jugement de la mère dépend l'éducation de la jeune fille. C'est dans la famille que celle-ci doit trouver les modèles édifiants propres à élever son âme, à exercer sa raison. La doctrine de Mme de Maintenon était qu'il faut égayer l'éducation et s'adresser toujours à la raison des enfants. « Vous savez, écrivait-elle, que ma folie est de vouloir faire entendre raison à tout le monde. » Elle estimait que c'est un langage que l'on ne saurait tenir aux enfants « ni trop tôt ni trop souvent ».

Cette opinion est celle de toutes les mères qui ont réfléchi et qui ont tiré quelque fruit de leur expérience personnelle et de celle des autres. L'instruction doit nécessairement marcher de pair avec l'éducation, les sciences, les lettres, les arts étant des éléments de perfection. Le temps est loin où l'on considérait la femme comme une créature de luxe, incapable de penser, et qui, pour être charmante et toujours *adorée*, selon l'expression d'autrefois, ne devait jouer dans le monde que le rôle d'une jolie poupée. Sans prétendre à faire de sa fille une femme savante, une mère éclairée doit lui donner une instruction solide et aussi étendue que le comporte le degré de son intelligence.

Fénelon fut le premier qui s'émut de l'incurie des mères à l'égard de l'instruction de leurs filles. Dans son admirable livre *De l'Éducation des filles*, il insiste pour qu'on leur donne une instruction substantielle :

« L'ignorance d'une fille, dit-il, est cause qu'elle s'ennuie et qu'elle ne sait à quoi s'occuper innocemment. Quand elle est venue jusqu'à un certain âge sans s'appliquer aux choses solides, elle n'en peut avoir ni le goût ni l'estime ; tout ce qui est sérieux lui paraît triste ; tout ce qui demande une attention suivie la fatigue ; la pente au plaisir, qui est forte pendant la jeunesse, l'exemple des personnes du même âge qui sont plongées dans l'amusement, tout sert à lui faire craindre une vie réglée et laborieuse. »

Et plus loin il ajoute : « Les femmes instruites et occupées à des choses sérieuses n'ont d'ordinaire qu'une curiosité médiocre ; ce qu'elles savent leur donne du mépris pour beaucoup de choses qu'elles ignorent ; elles voient l'inutilité et le ridicule de la plupart des choses que les petits esprits, qui ne savent rien et qui n'ont rien à faire, sont empressés d'apprendre. »

On comprend, en effet, qu'une jeune fille instruite et bien élevée soit plus apte à remplir avec intelligence ses devoirs d'épouse et de mère de famille que celle qui aura passé sa jeunesse dans la mollesse et l'oisiveté.

La première habitude qu'il faut faire contracter à une fille est celle de vivre toujours occupée. Une femme laborieuse et éclairée possède l'un des secrets du bonheur : elle a en elle-même des ressources qui la préservent de l'ennui. Pour échapper à cet ennemi, que de fautes se commettent ! Combien voit-on de femmes déserter leur foyer et aller chercher dans le monde des distractions à cette cruelle maladie !

« Il faut qu'une femme sache rester seule », dit Mme Guizot. J'ajoute qu'il faut, pour cela, qu'une femme sache s'occuper chez elle.

Contrairement à l'homme, que ses affaires, ses goûts, ses occupations appellent au dehors, la femme a pour domaine le foyer domestique. Sa mission est d'être la compagne intelligente et dévouée de son mari, d'élever les enfants, de gouverner l'intérieur, de diriger les domestiques, de régler la dépense et parfois même d'administrer la fortune.

Que de connaissances, de raison, de jugement il lui faut pour bien accomplir ces devoirs ! C'est alors qu'elle doit se souvenir des enseignements maternels, des exemples qu'elle a eus sous les yeux et qu'elle doit suivre.

C'est le moment de sa vie où une femme comprend le mieux le dévouement de sa mère; c'est le moment aussi où elle la juge. Cette pensée seule suffirait à relever le courage des mères près de faiblir dans leur tâche.

Je n'ai point la prétention de leur offrir dans cet ouvrage une méthode qui les allège ou les dispense des soins incessants qu'exige l'éducation. J'ai voulu seulement retracer les traits principaux de la vie d'une jeune fille et de ses compagnes, de façon que de ces caractères opposés ressortissent des enseignements divers, utiles en des circonstances diverses.

Ce cadre, on le voit, laisse en dehors la question religieuse, qui relève exclusivement de la sollicitude et de la conscience des mères, et pour laquelle elles devront s'éclairer auprès des personnes dont c'est la mission spéciale.

UNE ÉDUCATION

DANS LA FAMILLE

CHAPITRE I

PREMIÈRES ANNÉES.

Enfance de Marthe. — « Bien élever sa fille. » — Nécessité de choisir une personne de confiance pour seconder la mère. — Il faut répondre aux enfants sans jamais se lasser de leurs demandes. — Danger de laisser les enfants babiller devant les étrangers. — Rendre l'étude agréable. — Développement physique. Conseils du médecin.

Marthe avait cinq ans lorsque je perdis mon mari. Elle était ma seule enfant, et devint dès lors le but unique de mon existence. « Bien élever ma fille » fut l'objectif de toutes mes pensées, de toutes mes sollicitudes. Pour obtenir ce résultat, deux modes d'éducation s'offraient à moi : l'éducation publique dans un pensionnat, ou l'éducation en famille.

Je n'hésitai pas à décider que je garderais Marthe. Si inexpérimentée que je fusse à cette époque, j'avais la conviction profonde qu'une enfant n'est nulle part aussi bien que près de sa mère. Un philosophe a dit : « L'éducation est quelque chose de simple et de pratique qui exige peu de théorie, mais beaucoup de soin ; peu de préceptes, mais beaucoup d'amour. » Or j'adorais Marthe et j'avais, comme beaucoup de mères, la passion du dévouement. J'entrepris donc avec confiance d'achever, seule, la tâche si complexe et si douce d'élever ma fille moi-même.

Dès sa naissance, je m'en étais occupée presque exclusivement, ne la confiant à sa nourrice — une personne sûre — qu'en cas d'absolue nécessité ; mais, sans être mondaine, une femme est tenue à certains devoirs de société auxquels elle ne peut se soustraire sans manquer aux convenances. D'autre part, il est impossible de mener partout une enfant avec soi. J'en conclus que le premier soin d'une mère doit être de choisir pour la seconder une personne absolument digne de confiance.

Fénelon dit, dans son livre de l'*Éducation des filles*, livre que toutes les mères devraient savoir par cœur :

« Il faut que cette personne ait assez de sens et de vertu pour savoir prendre une autorité douce, pour tenir les autres femmes dans leur devoir, pour redresser l'enfant dans les besoins, sans s'attirer sa haine, et pour vous rendre compte de tout ce qui méritera quelque attention pour les suites. J'avoue qu'une telle femme n'est pas facile à trouver; mais il est capital de la chercher et de faire la dépense nécessaire pour rendre sa condition bonne auprès de vous. Je sais qu'on peut y trouver de fâcheux mécomptes; mais il faut se contenter des qualités essentielles et tolérer les défauts qui sont mêlés avec ces qualités. Sans un tel sujet, appliqué à vous aider, vous ne sauriez réussir. »

Plus heureuse en cela que bien des mères, je n'avais eu aucune peine à trouver cette personne. Marianne, ma sœur de lait, devenue veuve presque en même temps que moi, avait accepté avec joie cet emploi de confiance. Elle aimait Marthe presque à l'égal de sa fille. Quoiqu'elle eût vécu au village, Marianne n'était point une femme vulgaire. Née de cultivateurs aisés, elle avait reçu une certaine instruction, et sous son apparence un peu rustique il y avait une âme droite et élevée, un bon sens pratique, un tact qui la guidait sûrement en toutes circonstances. Elle confia sa fille à ses parents et vint habiter avec moi.

J'appris à lire à Marthe en jouant et en ayant soin de lui présenter ce petit travail comme une récompense, lorsqu'elle avait été sage. Je prodiguais les images, les albums où se trouvait chaque lettre sous la forme d'un objet quelconque : une fleur, un oiseau, un animal, etc.

Tout cela amuse une enfant, la force à parler, à questionner, à s'instruire et lui dissimule l'aridité de l'étude. Fénelon, qu'il me faudra citer souvent dans le cours de cet ouvrage, dit que la curiosité des enfants est un penchant de la nature ; que ce penchant va comme au-devant de l'instruction ; qu'il faut savoir en profiter.

Marthe questionnait incessamment, et je répondais sans jamais me lasser de ses demandes ; si nous sortions, elle m'arrêtait devant telle ou telle boutique qui frappait ses yeux et voulait savoir le pourquoi de tout. Je lui donnais alors des explications claires, à sa portée, qui lui enseignaient peu à peu l'utilité et l'usage de chaque chose.

Mais, tout en la laissant libre de m'interroger à son aise, je me gardais de l'exciter à parler. Son intelligence, très vive, lui suggérait parfois des reparties drôles. Mes amis s'en amusaient et l'applaudissaient. Je ne fus pas longtemps à m'apercevoir que Marthe en tirait quelque vanité. Voyant qu'on s'occupait d'elle, elle babillait à tort et à travers, et disait ce qui lui venait à l'esprit, avec une verve qui faisait rire tout le monde. Je m'empressai de couper court à cela, en priant mes amis de ne pas faire paraître leurs impressions devant elle, et je pris le parti de la tenir un peu plus à l'écart.

Je pense qu'il est dangereux, à plusieurs points de vue, de faire assister une enfant à la conversation des grandes personnes. Elle entend des choses qu'elle ne comprend pas, mais qu'elle retient et qu'elle répète; elle perd ainsi cette naïveté si charmante de l'enfance. En outre, les flatteries la rendent présomptueuse, l'habituent à croire qu'on doit toujours s'occuper d'elle, et que tout ce qu'elle dit est parfait.

Le moyen que j'employais pour réformer les petits défauts de Marthe, moyen qui me réussissait presque toujours, était celui-ci : je racontais une histoire ayant trait au défaut que je visais, dans laquelle je mettais en opposition la petite fille sage, obéissante, douce, studieuse, avec la petite fille méchante, paresseuse, bavarde, ignorante, qui plus tard était punie et qui faisait le malheur de sa mère. J'inventais des péripéties, des incidents, qui tenaient l'attention de Marthe en éveil, et je faisais ressortir de mon histoire la morale que je désirais lui faire entendre. Quand j'avais terminé, ma fille me regardait avec ses grands yeux interrogateurs.

— C'est déjà fini, maman? disait-elle.

Saisissant très bien la ressemblance qui existait entre elle et la petite fille coupable, elle me demandait ce que celle-ci était devenue, si elle s'était corrigée, etc. Je ne manquais pas de lui dire comment la petite fille avait reconnu ses torts; combien sa mère avait été bonne en les lui pardonnant et en l'aidant à devenir meilleure, etc., etc. Je racontais tout cela avec indifférence, sans avoir l'air de faire une application directe. Quelquefois Marthe réfléchissait et, sans rien dire, elle s'appliquait à suivre l'exemple que je lui avais cité. D'autres fois, elle m'embrassait en me disant qu'elle ne me ferait plus jamais de peine.

Nous adresser dès le premier âge à la raison, au cœur d'une enfant, suffit la plupart du temps pour établir notre empire sur elle.

J'inspirai à Marthe le désir d'apprendre à écrire en lui vantant le plaisir qu'il y a à correspondre avec ses amis. Je lui assurai qu'elle pourrait écrire une lettre à sa petite amie Geneviève, au bout d'un mois, si elle voulait s'appliquer à travailler un peu tous les jours. Cet espoir l'enflamma, et d'elle-même elle vint chaque jour me demander sa leçon. A la date précise, elle put mettre à la poste une lettre d'une écriture aussi grosse qu'irrégulière, mais lisible, ce qui la remplit de joie.

Assez embarrassée pour la rédiger, Marthe était venue me consulter :

— Qu'est-ce que je pourrais donc dire à Geneviève? me demanda-t-elle, après s'être installée à ma table avec son papier et sa plume.

Cela me rappela l'anecdote que conte Mme de Maintenon dans ses Mémoires. Elle faisait écrire le duc du Maine, dont elle était la gouvernante, alors qu'il n'avait encore que cinq ans. Un jour qu'elle venait de l'engager à écrire au roi, il lui avait répondu, fort embarrassé, qu'il ne savait point faire de lettre. Mme de Maintenon lui dit :

— Mais n'avez-vous rien dans le cœur à lui dire?

— Je suis bien fâché, répondit-il, de ce qu'il est parti.

— Eh bien, écrivez-le, cela est fort bon.

Puis elle lui dit :

— Est-ce là tout ce que vous pensez? N'avez-vous rien de plus à lui dire?

— Je serais bien aise qu'il revînt, répondit le duc du Maine.

— Voilà votre lettre faite, lui dit Mme de Maintenon ; il n'y a qu'à le mettre simplement comme vous le pensez, et si vous pensiez mal, on vous redresserait.

« C'est de cette manière, ajoutait-elle, que je lui ai montré, et vous avez vu les jolies lettres qu'il a faites. »

Je fis de même, et je dis à Marthe d'écrire tout simplement ce qu'elle pensait.

— Je pense, me répondit-elle naïvement, que ça fera bien plaisir à Geneviève de recevoir une lettre de moi.

— Écris donc cela ; et, après, qu'est-ce que tu voudrais encore lui dire ?

— Je voudrais aussi recevoir une lettre d'elle, et puis je voudrais qu'elle revînt bien vite, pour jouer avec moi ; et puis je voudrais avoir des nouvelles de Michel (Michel était un serin dont le chant plaisait particulièrement à ma fille).

— Voilà ta lettre faite, dis-je, à l'exemple de Mme de Maintenon.

Sans fatiguer les enfants, ni presser leur instruction, on peut leur enseigner bien des choses, en ayant soin de leur rendre l'étude agréable. Le succès en ce point dépend beaucoup des premières impressions ; il est donc indispensable de ne pas les rebuter d'abord par un travail trop assidu, mais, au contraire, d'user d'adresse pour atteindre le but.

Le développement physique devant marcher de pair avec le développement moral et intellectuel d'une enfant, je consultai mon docteur, un ancien ami de la famille, qui avait vu naître Marthe, afin qu'il me dictât les principes généraux de l'hygiène propre à cet âge.

— D'abord, la régularité en toutes choses, me dit-il. Couchez Marthe invariablement à huit heures, levez-la à sept. Faites-lui faire des ablutions d'eau froide, hiver comme été. L'extrême propreté est une des conditions de bonne santé. Faites en sorte que Marthe ait des repas bien réglés et qu'elle ne mange aucune friandise entre ses repas. Pour le goûter, un morceau de pain, pas de gâteaux. Le matin, du lait, du chocolat ou une soupe, en variant. Pour le second déjeuner, une bonne côtelette, un bifteck, des légumes et un fruit. Le repas du soir se composera également de viande rôtie et de légumes. Dans la journée, une promenade dans un grand jardin où elle jouera en liberté. L'exercice de la corde, du cerceau, favorise le développement de l'enfant et lui est plus salutaire que la marche. Maintenant, ma chère enfant, que mon petit cours d'hygiène est terminé, dit le bon docteur, voulez-vous me permettre d'y ajouter quelques conseils que me suggèrent ma vieille expérience et mon affection pour vous ?

Les enfants d'aujourd'hui sont nos maîtres. Marthe est une riche nature : tâchez de ne pas la gâter. Vous l'adorez, c'est bien ; mais il faut l'aimer pour elle et non pour vous. Une enfant dont tous les désirs sont exaucés, les caprices satisfaits, qui voit s'aplanir devant elle tous les obstacles, à qui l'on cache les difficultés et les mécomptes qu'elle rencontrera plus tard, deviendra nécessairement une femme égoïste et personnelle. Raisonnez avec Marthe sur tout ce qui est à sa portée. Apprenez-lui de bonne heure à voir les choses telles qu'elles sont, à discerner le mal du bien. Prêchez surtout par l'exemple et soyez vous-même le modèle qu'elle devra s'efforcer d'imiter. Laissez voir à Marthe toute votre tendresse, mais gardez sur elle aussi toute votre autorité : c'est à cette salutaire autorité que vous devrez votre force et votre prestige. Marthe vous aimera d'autant plus qu'elle vous craindra un peu. Ne soyez pas comme ces mères qui, prenant le rôle d'ange gardien, suppriment avec empressement les obstacles et les ennuis. Élevez, au contraire, votre fille en vue des luttes de la vie. N'écartez pas de son chemin les difficultés: la difficulté donne l'énergie; elle enseigne la patience et la résignation, ces deux vertus si nécessaires à la femme.

Les paroles du docteur laissèrent en moi une impression de mélancolie, mais en même temps elles me firent réfléchir plus profondément encore sur la gravité des devoirs que j'avais à remplir. En effet, jamais je n'avais mieux compris la nécessité de remplacer auprès de ma fille son père absent. Cette autorité dont parlait le docteur et qui est généralement la part du père de famille, il me faudrait l'exercer sans contrôle, assumant sur moi seule l'entière responsabilité de mes actes.

Dès ce moment je pris avec moi-même l'engagement de ne pas faillir à ma mission et d'être pour ma fille une mère à la fois tendre et ferme.

Je comprenais déjà que la qualité maîtresse pour une mère doit être la rectitude de jugement, la justesse de l'esprit; que, pour obtenir de l'enfant la soumission et le respect, il faut un caractère égal, ferme, modéré, qui se possède toujours et qui n'agisse jamais par caprice ni par emportement. La mère qui connaît toute l'étendue de ses devoirs doit donc s'efforcer d'acquérir ces qualités.

Ma règle de conduite était tracée [1].

[1] « Élever des filles, dit Mⁱ Dupanloup dans ses *Lettres sur l'éducation*, qu'est-ce à dire? Jamais les institutrices et les mères ne pourront se le rappeler assez : élever des filles, c'est former peu à peu en elles la raison, la réflexion, le caractère, la conscience et les bonnes habitudes, de telle sorte qu'elles aient l'intelligence et le goût de leurs devoirs, et qu'elles s'accoutument à les remplir.

« L'éducation, ajoute-t-il, chez les filles surtout, rencontre un obstacle, un péril qui vient de leur nature même, l'impressionnabilité, la sensibilité extrême, d'où vient — quand cette faculté, qui est à la fois un don et un péril, n'est pas gouvernée — d'où vient cette chose désastreuse qu'on appelle la légèreté, la frivolité, et aussi la personnalité.

« La raison, le caractère, la conscience, voilà donc ce qu'il faut surtout élever en elles, non pas sans doute aux dépens, mais, si je puis le dire, au secours de leur sensibilité, de leur cœur et de leur piété.

« Ces grandes choses, ces grandes facultés, qui sont les assises fondamentales de l'âme humaine, il faut en faire, comme dit l'Écriture, dans l'âme féminine des bases immuables, granitiques, et cela dès l'âge le plus tendre, dans l'âme des plus jeunes filles. »

CHAPITRE II

DÉVELOPPEMENT INTELLECTUEL.

Je fais donner des leçons à Marthe. — Il faut laisser dire aux
enfants leur pensée. — Fermeté à déployer pour la régularité du travail et de toutes les petites occupations de l'enfant. — Fournir par le travail un aliment à son imagination.
— Marthe travaille avec une amie. — Émulation. — La
colère. — En matière d'éducation la méthode n'est pas une.
— Du mensonge.

Estimant que Marthe était encore trop jeune
pour suivre un cours et qu'une mère perd de
son prestige en instruisant elle-même sa fille,
je pris, comme professeur, une personne que
me recommandait mon amie Mme Émery.
Mlle Langlois joignait à une instruction solide
et à des manières distinguées l'expérience et
l'amour des enfants. Geneviève, la plus jeune
des trois filles de Mme Émery, travaillait avec
elle depuis quelque temps.

Mlle Langlois vint chez moi trois fois par semaine. La leçon durait deux heures. Je m'im-
posai le devoir d'y assister, afin de me tenir au
courant des études de Marthe.

Ces deux heures n'étaient pas remplies d'un
travail sans relâche, ce qui eût fatigué un jeune

cerveau. Mlle Langlois avait l'art d'amuser les enfants en leur présentant, sous une forme agréable, les choses instructives. Elle provoquait, pendant le cours de la leçon, des temps d'arrêt, pendant lesquels elle faisait parler son élève.

Elle disait, avec raison, que, pour bien connaître l'humeur et les inclinations d'une enfant, il est bon de lui laisser dire sa pensée en toute liberté, et qu'il faut surtout l'observer pendant qu'elle joue. Mlle Langlois avait une patience inaltérable, condition essentielle pour faire travailler les enfants, et sans vouloir réprimer leur gaieté, elle savait les habituer à entendre le langage de la raison. Il résultait de tout cela que Marthe prenait ses leçons avec plaisir.

En revanche, les jours intermédiaires étaient souvent marqués par des orages. Pour qu'elle fît régulièrement ses devoirs, j'étais tenue d'employer une grande fermeté. Ce n'est pas qu'elle fût foncièrement paresseuse, mais elle était avant tout fantaisiste. Elle ne détestait pas le travail, mais elle le voulait à ses heures. Il en était de même pour les repas : elle eût préféré manger quand elle avait faim et non à des heures fixes ; mais, selon les prescriptions du docteur, j'étais inflexible pour la régularité.

Fénelon recommande le plus grand soin pour la nourriture de l'enfant, pendant ses premières années. « Ce qui est plus utile, dit-il, c'est de ménager la santé de l'enfant, de tâcher de lui faire un sang doux par le choix des aliments et par un régime de vie simple ; c'est de régler ses repas, en sorte qu'il mange toujours aux mêmes heures ; qu'il mange assez souvent à proportion de son besoin ; qu'il ne mange point hors de son repas, parce que c'est surcharger l'estomac pendant que la digestion n'est pas finie ; qu'il ne mange rien de haut goût qui l'excite à manger au-delà de son besoin, et qui le dégoûte des aliments plus convenables à sa santé ; qu'enfin on ne lui serve pas trop de choses différentes, car la variété des viandes qui viennent l'une après l'autre soutient l'appétit après que le vrai besoin de manger est fini. »

Et plus loin, Fénelon ajoute : « Il faut laisser affermir les organes chez les enfants, en ne pressant point l'instruction. »

Ne point presser l'instruction est sage, sans doute, mais la négliger serait mauvais, même au point de vue de la santé de l'esprit. Toujours à côté de Marthe, je remarquais que son intelligence travaillait sans cesse. Si elle n'était point occupée à une chose utile ou à un jeu

quelconque, elle s'agitait sans sujet. Mieux valait donc, étant donnée cette imagination vive,
lui fournir un aliment que de la laisser s'exercer
dans le vide.

Le travail à petites doses et entremêlé de
jeux et d'exercices de corps ne fatigue jamais
une enfant. Marthe paraissait plus lasse les
jours où elle s'ennuyait que lorsqu'elle employait bien sa journée à travailler et à jouer.

Un arrangement nouveau que me proposa
Mme Émery rendit les leçons plus attrayantes.
Mon amie avait deux autres filles, plus âgées
que Geneviève, qu'elle conduisait à un cours ;
ce qui absorbait la plus grande partie de son
temps. Elle me demanda de permettre à Geneviève de prendre ses leçons avec ma fille.
J'acceptai avec d'autant plus d'empressement
que j'y vis une cause d'émulation profitable
aux deux enfants.

Il fut donc convenu qu'on m'amènerait la petite à une heure de l'après-midi et qu'on vien-
drait la reprendre à cinq. Je mis comme condition que les jours où les notes de Mlle Langlois
seraient satisfaisantes on me laisserait Geneviève à dîner. Les promenades auraient lieu en
commun, comme les études et les récréations.
De la sorte il se trouva que j'eus deux enfants

au lieu d'une. Les notes étant presque toujours bonnes, Geneviève prit l'habitude de passer ses journées chez moi. Elle était d'une nature tranquille et ne faisait point de bruit ; Marthe, au contraire, avait le caractère vif et emporté. Ses colères ne duraient pas très longtemps, mais les crises en étaient assez fréquentes.

Les ablutions froides en hiver, par exemple, amenaient des scènes terribles. « Maman, je vous en prie…, maman, il fait trop froid… » Et Marthe se sauvait ; et je courais après elle et je la rattrapais. Alors c'était des trépignements, des cris, des larmes. Je laissais passer l'orage, mais je tenais bon. Puis, lorsqu'un certain temps avait passé là-dessus, je raisonnais avec ma fille et lui faisais comprendre que sa résistance ne servait de rien ; qu'elle finissait invariablement par obéir ; que j'agissais pour son bien et que ce que je voulais se ferait ; que le mieux était donc de se soumettre tout de suite. Marthe comprenait cela, si jeune qu'elle fût ; elle m'embrassait et me promettait d'être docile. Ce qui ne l'empêchait de se mettre en colère dans d'autres circonstances, le soir, par exemple, quand il s'agissait de se coucher.

— Petite mère, je vous en prie, encore un quart d'heure, je lis une histoire si amusante.

Et, câline, elle voulait m'attendrir.

Il faut beaucoup de courage pour résister aux prières d'une enfant; mais lorsqu'on songe qu'il y va d'abord de sa santé et que si l'on cède une fois c'en est fait de l'autorité maternelle, on trouve la force de lui résister.

C'est ainsi que peu à peu Marthe s'habitua à suivre les règles de conduite que je prescrivais rigoureusement.

Nous possédions un jardinet, notre maison étant de celles où l'on a respecté les arbres séculaires qui autrefois ombrageaient les cours des hôtels du faubourg Saint-Germain. Ma petite fille respirait le bon air du matin et courait avec son cerceau ou son ballon pendant une heure. Puis venait la leçon de piano. Comme pour les autres études, je m'étais chargée des premières notions, comptant bientôt prendre un vrai professeur. Tous les jours, selon le temps, on partait en promenade à trois heures pour rentrer vers cinq heures. Avant le dîner, Marthe travaillait encore à ses devoirs du lendemain. A six heures, on pliait bagage, et la récréation durait jusqu'au dîner.

En été, après le dîner, nous allions au jardin. En hiver, nous restions au coin du feu; Marthe jouait ou lisait auprès de moi. Je n'avais pas à

craindre que cette uniformité de vie engendrât
la monotonie, la nature de ma fille étant de
celles qu'il faut fortifier en les calmant. Je
voulais, à tout prix, faire d'elle une jeune fille
bien portante, à l'abri de la maladie du siècle,
la nervosité, qui atteint surtout les femmes de
la ville.

Au contraire de ma fille, Geneviève était
une enfant apathique et engourdie, qu'il fallait
secouer. Ce qui prouve qu'en matière d'éducation la méthode n'est pas *une*. On doit étudier le caractère et la nature de l'enfant à qui
l'on a affaire et agir d'après ses observations.

La différence qui existait entre les deux enfants leur servait au lieu de leur nuire. Le
calme de Geneviève tempérait la pétulance de
Marthe, qui, à son tour, entraînait sa petite
amie par sa verve et sa gaieté. J'écoutais leurs
conversations enfantines, mais j'avais soin
d'aller et de venir et de paraître occupée à
autre chose ; car il est essentiel de laisser les
enfants se livrer à leurs ébats, sans qu'ils se
croient observés. Je me souvenais encore de
la gêne que me causait le regard vigilant de
mon excellente mère, toujours fixé sur moi,
pendant ma jeunesse, et je m'étais imposé le
devoir de laisser Marthe s'épanouir, sans con-

trainte, sous une surveillance habilement dissimulée. Cela m'a aidée à connaître le fort et le faible de son caractère, ce qui est le premier point pour pouvoir diriger une enfant. Du même coup, je pus apprécier les bonnes qualités et les défauts de Geneviève.

J'avais cru m'apercevoir déjà d'un manque de sincérité chez cette enfant, que sa timidité rendait craintive à l'excès. Et comme le mensonge est, entre tous, le défaut que je crois le plus dangereux, je tenais à cœur d'en guérir Geneviève, et surtout d'en préserver ma fille. Une circonstance imprévue me fournit l'occasion de donner aux deux petites amies une leçon profitable.

Sur une console, dans le salon, il y avait un grand vase en vieux chine auquel je tenais beaucoup. C'était un cadeau du père de Marthe, et chaque jour j'y mettais des fleurs fraîches en mémoire de mon mari.

J'avais défendu aux enfants de jouer dans cette pièce, tout encombrée de meubles et de bibelots qui, pour la plupart, étaient des souvenirs.

Forcée de m'absenter pendant quelques heures pour une course indispensable, j'avais laissé les petites, pendant leur leçon, avec

Mlle Langlois. En rentrant, je les trouvai dans le jardin en train de jouer. Je les embrassai et leur demandai si elles avaient bien travaillé et si elles avaient été sages.

Elles me répondirent affirmativement ; mais je lus un certain embarras sur la physionomie si franche de Marthe. J'essayai de multiplier mes questions, en riant pour la mettre à l'aise, mais je n'obtins aucun éclaircissement. Je gardai Geneviève à dîner, et la journée se serait terminée sans incident, si je n'avais eu occasion d'entrer au salon pour prendre un livre que j'y avais laissé la veille.

Il ne faisait pas encore nuit, mais l'heure était assez avancée pour qu'une certaine obscurité m'empêchât de distinguer du premier coup d'œil tous les coins de la pièce. J'allais ressortir avec mon livre, que j'avais trouvé aussitôt sur la table carrée du milieu, lorsque instinctivement mes yeux se portèrent du côté de la console. J'y courus aussitôt, effrayée de voir une partie des fleurs à terre. Le vase, mon pauvre cher vase, brisé en mille morceaux, gisait à côté des fleurs !

Au chagrin que j'éprouvai de la perte de cet objet, auquel j'attachais la religion du souvenir, se mêla aussitôt une autre peine : celle de penser que ma fille, l'auteur présumé de l'accident, avait eu l'idée de dissimuler ce qu'elle avait fait.

Je m'expliquai aussitôt son air embarrassé, sans pourtant comprendre ce manque de franchise. Elle savait combien je tenais à ce vase, me dis-je pour l'excuser, et elle n'a pas osé me dire la vérité.

Je rentrai aussitôt dans la salle d'étude, où jouaient les enfants, et m'adressant à Marthe, je lui dis sans sévérité, mais avec tristesse :

— Ma chère enfant, tu m'as fait aujourd'hui une double peine : tu as cassé un objet auquel tu sais que j'attachais un grand prix, et tu n'as pas eu la franchise de me l'avouer. Tu as donc fait un malheur et commis une faute. Je ne te parle pas de ta désobéissance, qui est pourtant la cause de tout le mal. Si tu avais suivi mes instructions et que tu ne fusses pas allée au salon, ce ne serait pas arrivé !

Dès les premiers mots, Marthe était devenue rouge, et ses larmes avaient commencé à couler. A la fin, elle sanglotait.

— Mais, maman, ce n'est pas moi, dit-elle à travers ses pleurs, je n'ai pas... cassé... le vase... je vous assure...

—Alors, mon enfant, si ce n'est pas toi,

qui est-ce? Serait-ce toi, Geneviève? dis-je en regardant l'enfant qui, fort troublée, ne disait mot.

— Non, madame, ce n'est pas moi, dit-elle, très rouge, et les yeux baissés.

— Il faut pourtant que ce soit quelqu'un. Je vais interroger Marianne, quoique je sois certaine qu'elle ne sait rien de tout cela. Sans quoi, elle m'eût avertie.

Et je sortis sans vouloir embrasser Marthe qui me tendait les bras.

Ainsi que je le pensais, Marianne ne s'était pas aperçue qu'on fût allé au salon. Elle avait quitté la salle, pour aller faire son ouvrage, laissant les petites occupées à jouer. Il n'y avait pas à douter que l'une d'elles eût été cause de l'accident; mais laquelle?

J'oubliais presque mon chagrin de la perte du vase, devant l'inquiétude que me causait la dissimulation de Marthe. L'absence de sincérité engendre de si vilains défauts qu'à tout prix on doit, chez les enfants, empêcher cette tendance. Il est essentiel pour cela de ne point les rebuter en les grondant trop sévèrement, lorsqu'ils commettent une faute qu'ils avouent. Et, au contraire, si elle croit en cette circonstance un peu de morale nécessaire, une mère doit, tout en réprimandant, redoubler de tendresse et par quelques mots à propos récompenser l'enfant de sa franchise.

Jusqu'alors, je n'avais pas eu occasion d'user de ce précepte avec Marthe, que je n'avais jamais surprise en flagrant délit de mensonge. Si la cause était petite, l'effet pouvait être grand, et je résolus d'employer tous les moyens pour arriver à savoir la vérité. Après le départ de Geneviève, je pris Marthe sur mes genoux, et j'essayai de la confesser. La douceur, la tendresse, la sévérité, rien ne parvint à lui arracher son secret. Elle pleurait et s'obstinait à dire que ce n'était pas elle. Je pensai qu'il fallait tenter un dernier effort, au moment de la prière du soir. Je l'avais habituée à faire d'elle-même un examen de conscience et à repasser ainsi dans sa mémoire les incidents de la journée. Je restai près de son lit pendant qu'elle priait tout haut, et devant ce cher petit visage, dont le regard pur reflétait le calme de la conscience, toutes mes craintes s'évanouirent. Marthe n'était point coupable. J'entrevoyais la vérité. Geneviève avait dû faire le coup, et ma fille gardait un silence stoïque pour ne pas accuser son amie.

— Bonsoir, ma chérie, dis-je en embrassant

Marthe que je venais de coucher. Tu n'as rien à me dire de plus ?

— Rien, maman, répondit-elle en me serrant bien fort de ses petits bras. Je suis très fâchée que vous ayez du chagrin, mais je vous assure que ce n'est pas de ma faute. Dites que vous me croyez, maman, dites-le ; sans cela je ne pourrai pas m'endormir !

Et les larmes recommençaient à couler des pauvres yeux gonflés, tournés vers moi.

— Calme-toi, ma chère fille, je te crois. Les choses s'expliqueront d'elles-mêmes, car le bon Dieu fait découvrir le mal comme le bien. Je te crois, parce que tu ne m'as jamais menti, et j'ai la ferme confiance que tu continueras à être l'enfant *vraie* que tu es, et que j'aime. Je puis tout pardonner, excepté le mensonge. Bonsoir, chère petite, ne pense plus à tout cela et dors.

Marthe m'embrassa une dernière fois. Je voyais clairement le combat qui se livrait en elle. Elle eût voulu pouvoir tout me dire. Mais elle pensait que c'était trahir l'amitié. Je coupai court à ses hésitations en quittant la chambre.

Le lendemain, Geneviève arriva comme à son ordinaire avec Mlle Langlois. Sa contenance, d'abord assez embarrassée, redevint bientôt ce qu'elle était toujours, calme et tranquille. Il ne fut plus question de l'accident de la veille ; mais, après la leçon, je compris, à la conversation mystérieuse des deux enfants, qu'elles étaient encore occupées du même sujet. Très animée, Marthe gesticulait et paraissait exhorter son amie, qui se contentait de répondre quelques mots à voix basse avec des hochements de tête significatifs.

Dans l'espoir d'amener Geneviève à un aveu, j'imaginai un expédient auquel Marianne se prêta, dans l'intérêt de cette enfant. Sa fille Léontine, ainsi que cela lui arrivait tous les jeudis, était venue passer la journée avec sa mère, la veille. Je fis semblant de croire qu'elle était la coupable, et je l'accusai hautement. J'infligeai une punition qu'elle devrait subir, déclarant à Marianne, devant les enfants, que Léontine serait privée de sortie pendant un mois, en raison de son manque de franchise.

Geneviève rougit et baissa la tête.

Marthe se leva d'un bond, en s'écriant :

— Oh ! maman, vous ne ferez pas cela. Ce ne serait pas juste !

— Qu'en sais-tu, ma chérie ? puisque ce vase

n'a été touché ni par toi ni par Geneviève, c'est certainement Léontine qui l'a brisé. Je veux qu'elle soit punie, non pour l'accident en lui-même, que j'eusse excusé comme étant involontaire, mais pour sa dissimulation qui est une faute grave. Lorsque sa mère l'a interrogée, elle a nié être entrée au salon. Donc, elle a commis un mensonge. Et le mensonge est, de tous les défauts, le plus bas et le plus vil. L'enfant qui ment et qui persiste dans son mensonge offense Dieu, et n'est pas digne d'être aimée de ses parents. Il faut que Léontine apprenne cela, qu'elle réfléchisse, et qu'elle se repente. Si dans un bon mouvement elle fait l'aveu de sa faute, je lui pardonnerai, dans l'espoir que cette leçon suffira à la corriger.

Pendant que j'adressais cette morale à une absente, Geneviève, à qui elle était destinée, essayait de faire bonne contenance. Mais sur son visage, tour à tour pâle et rouge, je lisais son trouble secret. Une fausse honte la retenait encore. Marthe ne la quittait pas des yeux, et son agitation était extrême.

Je jugeai qu'après cette scène il fallait laisser seules les deux amies, et je fis signe à Marianne de s'éloigner. Je prétextai une affaire, et je sortis.

Deux heures après je rentrai et j'allai dans ma chambre. Je n'y étais que depuis quelques instants, lorsque j'entendis frapper doucement à la porte. J'ouvris moi-même, et je vis Geneviève, éplorée et tremblante, tomber à genoux devant moi.

— Madame, madame, je suis bien méchante ! vous ne pourrez plus m'aimer. C'est moi qui ai cassé le vase. C'est moi qui ai menti. N'est-ce pas, madame, vous ne pourrez plus m'aimer? N'est-ce pas, madame, que le bon Dieu ne voudra pas me pardonner? Vous avez dit que c'était le plus grand de tous les défauts, le mensonge ! et j'ai menti ! Et ce n'est pas la première fois. C'est parce que j'ai peur d'être grondée que je n'ose pas avouer ce que je fais de mal, et alors...

Je pris Geneviève dans mes bras et la rassurai.

— Ton repentir t'absout, ma chère enfant, et j'ai l'espoir que tu ne retomberas plus dans ce vilain défaut. La crainte d'être grondée n'est pas le fait d'une trop grande timidité, mais au contraire elle naît d'un sentiment d'orgueil. Il faut savoir s'accuser et accepter une réprimande, lorsqu'on la mérite. Là est la vraie humilité, celle qui est agréable à Dieu.

Dis toujours la vérité, ma chère Geneviève, et tu t'en trouveras bien.

La pauvre petite m'embrassa et promit de se corriger. Elle me supplia de ne point parler de tout cela à ses parents.

— Je ne demande pas mieux, mais prends garde, ma chérie, qu'il n'y ait encore là-dessous un petit levain d'orgueil.

— C'est vrai, fit-elle en baissant la tête. Je le dirai à maman.

— Bien, mon enfant; je suis contente de toi et je réponds maintenant que tu te corrigeras.

Soulagée de ce grand secret qui l'oppressait, Geneviève alla rejoindre ma fille, et le reste de la journée se passa gaiement.

CHAPITRE III

DÉVELOPPEMENT PHYSIQUE.

On ne saurait trop laisser les enfants jeunes et candides. — Hygiène de l'enfant : gymnastique, jeux. — Les bals d'enfants sont une parodie des bals des grandes personnes. — Natation. — A mesure que j'essaye de développer le corps, j'augmente la dose de travail intellectuel.— Tous les professeurs d'une fille doivent être des femmes. — C'est la paresse qui éloigne Marthe de l'étude du piano. — Il faut se garder d'écouter le goût des enfants qui les porterait à ne rien faire sérieusement et à tout ébaucher. — Bavardage. — Les enfants ne doivent être expansifs qu'avec leurs parents. — Enfants terribles.

Un des grands plaisirs de mes fillettes était d'aller à Guignol. J'accordais cette distraction comme encouragement, après un bon travail. Je me gardais bien, comme je l'ai vu faire à certaines mères, de développer les instincts de coquetterie de Marthe, en lui donnant en récompense une jolie robe. Une petite fille ne doit pas savoir ce que c'est que la beauté. Il faut l'habiller simplement et l'habituer aux seules recherches d'une propreté minutieuse. Jusqu'à l'âge où elle est en état de se coiffer et de faire sa toilette convenablement, la mère doit assister à ces soins, qui sont la meilleure hygiène de l'enfance. Je trouve que, au moins jusqu'à douze ans, il est bon de ne point laisser une enfant livrée à elle-même : dans la jeunesse, la propreté extrême est une conséquence de l'éducation plutôt qu'un instinct.

Cette qualité, si nécessaire pour les femmes, est importante à développer dès le premier âge, et l'on ne saurait trop insister là-dessus; beaucoup de petites maladies sont engendrées par la négligence de ces détails quotidiens. A cette hygiène *domestique*, il faut ajouter les exercices du corps. Proportionnés à l'âge de l'enfant, ils développent les membres, la taille, et assurent une croissance parfaite.

La gymnastique, universellement pratiquée aujourd'hui, est un des meilleurs moyens d'acquérir la force et la souplesse. Elle est au corps ce que le travail intellectuel est à l'esprit. Lorsqu'on a près de soi un établissement dirigé par de bons professeurs, on fait bien d'y mener les enfants. Dans le cas contraire, il est facile de se procurer un appareil de gymnastique que l'on fait installer chez soi. Des livres spéciaux contiennent toutes les indications nécessaires.

Aux mères qui n'auraient pas dans leur appartement la place suffisante pour établir un gymnase, et qui ne seraient pas à proximité d'un établissement, je conseillerais de faire faire à leurs filles une gymnastique qui, pour être élémentaire, n'en est pas moins efficace. Elle consiste en exercices divers, de la tête, des bras et des jambes, coordonnés et gradués, selon l'âge de l'enfant. On trouve l'explication de ces mouvements dans les ouvrages de gymnastique pratique. Le meilleur temps pour exécuter ces exercices est le matin, une demi-heure avant le petit déjeuner. L'enfant doit porter un costume aisé, qui ne la gêne en aucune façon. La régularité pour cela, comme pour tout ce qui touche à l'éducation, est de la plus grande utilité. Cinq minutes de cette gymnastique, chaque jour, équivalent à une demi-heure de marche. Cette petite tâche accomplie, si l'enfant transpire, il faut l'essuyer avec un linge sec, vivement, et la changer de vêtements.

En dehors de ia gymnastique, qu'on ne peut guère présenter aux enfants comme un divertissement, il existe des jeux qui les amusent et qui leur sont très salutaires. Dans cette catégorie, je classe le cerceau, la corde, le ballon, le volant, le crocket, qui ont le double avantage d'exercer à la fois les membres et la justesse du coup d'œil.

Quant à la danse, qui est également un exercice utile, je crois prudent de la réserver pour plus tard.

Les jeunes filles ne prennent que trop vite le goût des plaisirs mondains, et le devoir d'une mère est d'éviter tout ce qui peut éveiller en elles ce goût. J'écartai donc les occasions qui se présentèrent de faire danser Marthe à des matinées *priées*.

Les bals d'enfants sont, à mon avis, une parodie des bals de grandes personnes. Les mêmes rivalités, les mêmes jalousies y éclatent, en miniature. La nécessité de parer les petites filles pour ces réunions fait naître en elles, lorsqu'il n'est pas déjà inné, l'amour de la toilette ; et la vanité en est une conséquence fatale. Du même coup, l'enfant perd de sa naïveté et devient trop précoce. Que les enfants sautent, dansent entre eux, gaiement et sans prétention, rien de mieux ; mais il faut éloigner d'eux tout ce qui les vieillit avant l'âge.

La natation est un des exercices qu'il est utile de faire apprendre de bonne heure. J'ai vu beaucoup de jeunes filles rester des nageuses médiocres et timorées, parce qu'elles avaient commencé trop tard. Les mouvements réguliers et vigoureux qu'il faut faire pour nager sont une excellente gymnastique pour les membres, qu'ils développent. Je résolus de faire prendre des leçons à Marthe, dès qu'elle aurait atteint ses onze ans. Pendant les chaudes journées d'été, je menai donc aux bains froids mes deux fillettes (car Geneviève avait désiré être de la partie).

Au douzième bain, Marthe se lança toute seule. Elle était intrépide et, à la fin de la saison, nageait comme un petit poisson. Geneviève, toujours craintive, avait eu un peu plus de peine, mais pourtant, à la vingtième leçon, elle descendait seule, ce que l'on appelle le grand bain, le côté où l'on n'a pas pied. C'était une victoire.

— Mais, maman, mais, madame, me disaient-elles, lorsque le temps devint trop frais pour continuer, l'année prochaine, nous ne saurons plus nager. Nous aurons oublié pendant l'hiver.

— La natation ne s'oublie pas, mes enfants. En vous mettant à l'eau, fût-ce dans deux ans, vous retrouverez votre équilibre et les mouvements que vous avez si bien appris par principes, vous les ferez instinctivement, sans qu'il soit besoin de faire appel à votre mémoire.

La réflexion de mes fillettes était d'ailleurs toute naturelle. En me jetant à l'eau pour la première fois de la saison, soit à la mer, soit à la rivière, il m'est arrivé maintes fois de me demander si je saurais encore nager. Quoique j'aie entendu discuter par des esprits paradoxaux l'utilité de la natation, je maintiens que c'est un exercice aussi utile que salutaire. « Dans les accidents de bateaux, les seules personnes qui se noient sont celles qui savent nager », disent-ils.

Le bon sens démontre si victorieusement l'inanité de ce raisonnement qu'il n'y a pas à insister sur ce sujet.

A mesure que j'essayais de développer le corps chez Marthe, j'augmentais insensiblement la dose de travail intellectuel. L'équilibre doit être maintenu entre l'exercice du corps et celui de l'esprit, sans quoi le développement de l'un des deux se ferait au détriment de l'autre.

Il est aussi mauvais de laisser une enfant manger, boire, dormir, courir, à sa fantaisie, c'est-à-dire fortifier ses membres, sans faire travailler son intelligence, qu'il serait nuisible de la tenir assise et courbée sur des livres, sans exercice et sans air.

La gymnastique en hiver, la natation en été, avaient fait de Marthe une petite fille bien portante. Elle aimait le mouvement, le travail assidu était moins de son goût ; la musique surtout l'ennuyait. Les leçons de piano, qu'elle prenait depuis quelque temps avec un professeur, étaient l'objet de véritables luttes entre elle et moi.

Ce professeur, ou plutôt cette maîtresse — car je pose en principe absolu que tous les professeurs d'une fille doivent être des femmes — était une personne de beaucoup de talent, et, de plus, elle avait l'expérience qu'on n'acquiert qu'avec l'habitude de professer. Très bonne, elle faisait preuve d'une patience à toute épreuve avec Marthe, qui était un modèle d'étourderie et d'inattention. J'assistais aux leçons, et si je n'avais été musicienne moi-même, j'aurais cru ma fille absolument réfractaire à la musique. Je me rendais compte qu'il ne s'agissait que d'une question de paresse, et que, seules, les difficultés à vaincre la rebutaient.

Je priai sa maîtresse de ne point se décourager, et j'usai de fermeté envers ma fille qui me conjurait de supprimer ses leçons de piano.

— J'aime bien mieux le dessin, me disait-elle en pleurant. Vous verrez, maman, comme je travaillerai bien le dessin.

Les enfants aiment toujours mieux ce qu'ils ne connaissent pas. Il faut se garder d'écouter leur goût, qui les porterait à ne rien faire sérieusement et à tout ébaucher.

La constance est une nécessité, presque une vertu, à laquelle il faut les *dresser* de bonne heure. L'étude d'un art, d'une science, le travail en général, demande des efforts. Il est tout naturel que la volonté des enfants n'y suffise pas si elle n'est soutenue par celle des parents. Il faut donc qu'une mère fasse d'abord comprendre à sa fille qu'elle ne doit rien entreprendre qu'elle ne soit décidée à achever. On doit persuader à une enfant que rien ne s'obtient sans travail, et que la persévérance est un devoir.

— Tu apprendras le dessin plus tard, ma chérie; mais, dès à présent, je tiens à ce que tu étudies la musique.

Et, faisant appel à son cœur et à sa raison, j'obtins de Marthe qu'elle s'appliquât à satis-faire sa maîtresse.

Dans quelque situation que l'on soit, tout art d'agrément doit, à mon avis, être cultivé de façon à servir de ressources plus tard, si besoin est. Donner des leçons de musique est une des professions les plus lucratives des femmes. Le piano doit être commencé de bonne heure, vers l'âge de six ans. Le mécanisme est un tyran avec lequel on est forcé de compter et qu'il n'est jamais permis de négliger. Les petits doigts de l'enfant se font vite à un travail quotidien. Ils acquièrent une souplesse que n'obtiendront jamais les doigts de ceux qui commencent tard. Il est donc important que la mère passe outre, sans égard pour la répugnance de l'enfant, qui, un jour, lui saura gré de sa fermeté. Si après quelques années d'études consciencieuses, il est avéré que l'enfant ne peut arriver à rien, il sera toujours temps, alors, de lui faire apprendre le dessin, en y apportant les mêmes soins, la même persévérance que pour la musique.

La peinture exige autant de travail que le piano, mais on peut la commencer plus tard, et c'est aujourd'hui une profession qui est fort recherchée des femmes. En dehors du portrait et du paysage, dans lesquels il est difficile d'exceller, la mode des éventails à sujet offre une branche nouvelle assez lucrative à exploiter.

Je me réservais de faire donner à Marthe

des leçons de dessin après sa première communion. Pour le moment, l'instruction générale et la musique suffisaient.

Un des défauts de ma fille était de parler à tort et à travers. Autant je trouve bon que les enfants questionnent leurs parents, et que ceux-ci leur répondent sans jamais se lasser, autant je désapprouve les mères qui encouragent le babillage de leurs filles, lorsqu'elles se trouvent en société. Sans être précisément une enfant terrible comme celles que nous a représentées si spirituellement Gavarni, Marthe avait une tendance à placer son mot dans une conversation de grandes personnes. Si plaisante que puisse être une saillie d'enfant, il ne faut point rire en sa présence. Elle s'habituerait ainsi à dire tout ce qui lui passe par la tête devant des étrangers, et cette habitude, née de sa vanité enfantine, deviendrait par la suite un défaut très difficile à corriger.

Règle générale : les enfants ne doivent être expansifs qu'avec leurs parents.

Mes remontrances étant restées sans effet, je priai une dame de mes amies de me parler sans affectation, devant Marthe, du ridicule des enfants qui se mêlent à la conversation, et de me citer quelques exemples à l'appui. Les observations d'une personne étrangère frappent souvent plus l'imagination d'une enfant que celles de leur mère.

Mme Humbert n'eut point à chercher loin. Sa fille Rose était une enfant terrible, dans toute l'acception du mot, et elle ne trouva que trop aisément des faits à rapporter.

Un soir, au milieu d'un dîner d'amis, la petite s'était écriée de sa voix claire et flûtée :

— Moi, j'aime bien mieux quand il n'y a personne à dîner !

Une autre fois, elle fit une plus grosse bévue.

Sa mère et sa grand'mère habitaient la même maison à des étages différents. Rose se trouvant chez sa grand'mère pendant que celle-ci recevait des amies, elle fut chargée d'aller demander à Mme Humbert si ces dames pouvaient se présenter chez elle. L'enfant revint, répondant que sa mère les attendrait avec plaisir. Puis, d'un air malin, elle ajouta :

— Maman allait sortir, elle avait son chapeau sur la tête. Elle l'a retiré et l'a jeté sur la table en disant : « Mon Dieu ! que c'est assommant ! On ne peut jamais être tranquille dans cette maison ! »

Marthe écoutait attentivement ces histoires et bien d'autres du même genre, que me raconta Mme Humbert, qui les assaisonna de réflexions appropriées à la circonstance.

— Si cela continue, disait-elle, Rose ne se fera jamais aimer, car une des premières conditions pour y arriver, c'est de ne jamais rien dire qui puisse être désagréable. Une enfant ne doit donc parler en société que lorsqu'on lui adresse la parole. De la sorte, elle ne commettra aucune sottise. En se mêlant à l'entretien des grandes personnes, elle ne peut que les gêner, sans s'amuser elle-même.

Depuis le jour où elle reçut cette leçon indirecte, je constatai que Marthe s'observa davantage et qu'elle perdit un peu de cette loquacité que je craignais tant de voir s'établir en habitude chez elle.

Cette intempérance de langue a plus d'un inconvénient; elle pousse aussi les enfants à raconter tout ce qui se fait chez leurs parents. Sans avoir rien à cacher, on peut cependant ne pas vouloir mettre le public au courant de ses affaires. Il est fort désagréable, lorsqu'on veut taire une chose, de la voir ébruitée par sa propre fille.

On ne saurait donc trop recommander aux enfants d'avoir de la réserve dans les choses qui sont au-dessus de leur portée.

CHAPITRE IV

L'ENFANT A L'AGE DE LA PREMIÈRE COMMUNION.

Première communion. — Des cadeaux. — Politesse avec les domestiques. — L'âge ingrat. — Marthe commence à penser, à juger des choses. Dès lors on ne doit pas réprimander sans explication. — Confiance absolue d'une fille en sa mère. — Initier peu à peu la jeune fille aux choses de la vie. — Lectures sérieuses.

L'année de la première communion, si salutaire au point de vue moral de l'enfant, est en quelque sorte une année sacrifiée sous le rapport du travail. Il est impossible de mener de front les exercices religieux et les études multiples d'une instruction solide.

La première communion, si importante chez les catholiques, se fait de onze à douze ans. Les protestants ont conservé cette touchante cérémonie ; mais ils la reportent à la quinzième ou seizième année. Quant à l'initiation israélite, elle a lieu à l'âge de douze ans. Elle est de date récente et n'est pas obligatoire.

Mais, quelle que soit la religion à laquelle appartienne l'enfant, les usages de famille et du monde qui accompagnent cette cérémonie demeurent les mêmes[1].

Les premières communiantes sont généralement fort gâtées par leur entourage et reçoivent beaucoup de présents. Quoique cet usage n'ait rien que de gracieux, je désapprouve absolument l'importance que l'on y attache aujourd'hui. On ne se borne plus à donner à l'enfant de petits souvenirs ; ce sont de véritables cadeaux qui lui sont offerts. J'ai vu des parents avoir le mauvais goût d'exposer ces cadeaux, qui deviennent ainsi une sorte d'*invite* pour ceux qui auraient omis de payer leur tribut. Cela a un double inconvénient : celui d'agir sans délicatesse au vu et au su de l'enfant, et celui de détourner son attention de l'acte religieux auquel on doit la laisser tout entière.

Cette délicatesse de sentiments doit d'ailleurs s'étendre sur toutes les actions de la vie, et il est indispensable de l'enseigner de bonne heure aux enfants, qui ne sont déjà que trop disposés à profiter de la générosité de leurs amis. Il est bon de les habituer, dès le premier âge, à ne point quêter, comme le font beaucoup de

1. *Le Monde et ses usages,* par Mme de Waddeville.

babies, un jouet à l'un, des bonbons à l'autre. Qu'ils s'adressent à leurs parents, rien de mieux, mais il faut leur recommander une grande réserve avec les étrangers.

De même, la délicatesse exige qu'une enfant paraisse toujours satisfaite de ce qui lui est offert, et je blâme vivement les mères qui évaluent devant leurs filles les présents reçus. Cela habitue l'enfant à dédaigner les objets sans conséquence, et à n'estimer que les choses de prix. Rien ne m'a paru plus triste que d'entendre faire, par une fillette de douze ans, la réflexion suivante :

— J'ai reçu de très jolis cadeaux à l'occasion de ma première communion ; j'ai calculé avec maman qu'ils valent au moins six cents francs.

Dans les attentions de ses amies, cette enfant ne voyait absolument qu'une question d'argent.

Laissons à nos filles leur naïveté et leur fraîcheur d'impressions. Habituons-les à goûter ingénument tous les petits bonheurs qui se présentent et, sans les fatiguer ni les contraindre, rectifions leurs idées fausses et donnons-leur le sentiment du vrai et du bien.

C'est dès l'âge le plus tendre qu'il faut

s'appliquer à élever le cœur, l'esprit, la conscience des enfants [1].

Un matin, Marthe entra chez moi en pleurant.

— Maman, c'est insupportable! J'ai demandé à Rosalie de repasser la robe de ma poupée, et elle m'a refusé d'un air très méchant. Je déteste cette fille-là; je ne veux plus la revoir, ajouta-t-elle en trépignant.

J'étais habituée aux colères de Marthe. Pourtant, je constatais avec plaisir qu'elles devenaient plus rares. Je commençai par calmer ma fille, puis je lui demandai de s'expliquer sur la façon dont elle s'y était prise pour demander à Rosalie ce petit service.

— Et comment voulez-vous que je m'y sois prise, maman? Je lui ai dit naturellement: « Ro-

1. Mme de Maintenon, avec sa grande expérience des enfants, disait :

« On peut, dès leur tout jeune âge, leur apprendre toutes les délicatesses de l'honneur, de la probité, du secret, de la générosité et de l'humanité, et leur peindre la vertu aussi belle, aussi aimable qu'elle l'est. Les enfants sont extrêmement sensibles à ces beaux enseignements. Il faut, ajoutait cette sage institutrice, caresser les bons naturels, être sévère avec les mauvais, mais jamais rude avec aucun. Mais il ne faut pas se méprendre aux moyens dont on doit se servir pour se faire aimer : il n'y a que les moyens raisonnables qui réussissent, et il n'y a que les intentions droites qui attirent la bénédiction de Dieu. »

salie, repassez cette robe tout de suite. » Elle m'a répondu : « Mademoiselle, je n'ai pas le temps, il faut que j'aille faire mon marché. » Alors moi, je lui ai dit : « Je veux que vous repassiez ma robe avant de sortir. Quand je donne un ordre, il faut le suivre. » Rosalie s'est fâchée en criant qu'elle était à vos ordres, et non aux miens. Alors je me suis fâchée à mon tour, et je l'ai battue. Vous comprenez bien, maman, que je dois la détester et que je ne peux plus la revoir.

— Comment! mon enfant, tu as battu Rosalie, et tu oses te plaindre d'elle ? Tu as commis là une mauvaise action dont je rougis pour toi. Tu as cédé à un mouvement de colère que rien ne justifie. D'abord, tu as parlé à Rosalie d'une façon trop impérieuse. Lorsqu'elle s'adresse à un domestique, une enfant doit non seulement s'exprimer poliment, mais encore avec douceur.

La condition des domestiques est assez dure par elle-même, sans que nous y ajoutions par notre humeur. Tu as mal choisi ton moment en demandant à Rosalie une complaisance à l'heure où elle allait sortir. Cela fait, il ne fallait pas insister et encore moins te laisser aller à une colère aussi injuste. Tu t'es mise dans ton tort, tu en subiras la peine. Je ne me priverai pas d'un serviteur dont je suis satisfaite pour complaire à un caprice. Tu continueras à voir Rosalie et tu lui feras des excuses.

— Des excuses, maman! s'écria Marthe. Moi, faire des excuses à Rosalie! Mais je ne pourrai jamais. Oh non! maman, pas cela, je vous en supplie.

Et ses larmes recommencèrent.

— Tu le dois, Marthe. Il serait trop commode d'offenser les gens et de ne leur devoir aucune satisfaction, parce qu'ils sont vos inférieurs. Sois sûre, ma fille, que quelques mots de regret, au lieu de t'abaisser à ses yeux, ne pourront que t'attirer son attachement. Quant à l'antipathie que tu as pour elle, et que rien ne justifie, je n'ai qu'à m'adresser à ton cœur pour la faire cesser. Je te laisse jusqu'à ce soir pour réfléchir à ta conduite.

J'ai toujours pensé qu'il faut laisser aux enfants le temps de se recueillir pour comprendre eux-mêmes que ce qu'on exige d'eux est juste.

Cette leçon de politesse doit s'appliquer également aux fournisseurs. Un jour, une jeune fille vint à me dire :

— Comprenez-vous, madame, que maman salue ses fournisseurs?

— Et pourquoi ne les saluerait-elle pas ?

— Mais, madame, ce sont des marchands.

— Je croyais, ma chère petite, que vous aviez des parents dans le commerce.

— Ah ! mes oncles sont des négociants en gros.

Je ne pus m'empêcher de sourire de cette subtile distinction.

— Connaissez-vous, lui dis-je, le mot de Vauvenargues : « La véritable politesse vient du cœur » ? Eh bien, mon enfant, c'est là une grande vérité. La politesse est presque une vertu. Elle doit s'appliquer en toutes circonstances. On ne saurait croire combien les inférieurs sont sensibles à une marque de bienveillance. Quand ce ne serait que pour soi, on doit être poli, car la politesse envers tous est une preuve de bonne éducation.

Marthe venait d'entrer dans sa treizième année. Ce qu'on appelle l'âge ingrat est, selon moi, l'âge le plus intéressant pour la mère qui s'occupe sérieusement de sa fille. C'est l'époque où l'âme et l'intelligence de l'enfant s'ouvrent à des impressions nouvelles ; c'est le moment où elle commence à penser, à juger les choses ; c'est alors qu'il est le plus important de ne point la quitter et de la bien diriger.

Les principes de morale qui lui viendront de sa mère par l'exemple et le raisonnement la guideront dans le présent et, plus tard, dans son existence de femme.

C'est l'âge où l'on ne doit plus réprimander une enfant sans explication [1].

Le raisonnement sommaire qui suffit pour un baby est inapplicable lorsqu'il s'agit d'une enfant qui commence à réfléchir.

L'obéissance passive du baby se transforme, chez la fillette, en une obéissance raisonnée ;

1. Mgr Dupanloup donne une définition très juste de cet âge où la fillette n'est plus une enfant et où elle n'est pas encore une jeune fille :

« Ces quelques années intermédiaires entre l'enfance et la jeunesse, dit-il, sont des années de crise physique et morale. A cet âge de transition, se révèle souvent chez les jeunes filles un état de fatigue, d'inquiétude, d'agitation singulière, quelque chose d'incohérent dans la pensée, de vague et de saccadé dans les désirs, de bizarre dans les goûts, où les jettent alors le travail complexe qui s'opère en elles et les passions qui s'éveillent à leur insu. Leur esprit et leur raison ne cessent pas toutefois de se développer, mais irrégulièrement... Et, en même temps aussi, je ne sais quoi d'indocile, d'indépendant, de hautain, parfois d'impertinent, s'empare d'elles. Le joug de l'étude leur pèse, comme celui de l'obéissance et de la règle... C'est à ce moment de l'éducation qu'il faut nourrir la jeune fille de raison, de sagesse, de piété vraie, de nobles études, avec les ménagements de santé nécessaires. Qu'il y ait pour cette œuvre des mères très intelligentes et vraiment chrétiennes ; qu'on forme des maîtresses qui soient de vraies mères, et l'âge ingrat sera l'âge décisif pour le bien. »

il importe donc de n'exiger d'elle que des choses justes et sensées, car il faut, avant tout,
qu'elle puisse respecter le jugement de sa
mère. Le prestige que cette dernière doit
exercer sur sa fille est à ce prix. C'est de ce
prestige, qui établit si sûrement l'inégalité de
leur situation respective, que naissent la déférence et aussi la confiance de la fille pour sa
mère. Cette confiance doit être absolue. Pour
l'obtenir tout entière, la mère doit laisser causer
sa fille librement avec elle ; ne pas l'effaroucher
par une moquerie ou une réflexion qui coupe-
raient court à ses confidences enfantines.

Il est impossible de redresser le jugement
d'une enfant sans d'abord connaître sa pensée.
On agit ensuite par la persuasion et le raisonnement.

De la valeur intellectuelle et morale de la
mère dépend presque toujours la bonne éducation de la fille. On a pourtant vu de mauvaises natures, rebelles aux meilleurs enseignements. Pour celles-là, je conseillerais d'essayer
du pensionnat, au moins pendant quelque
temps, comme correctif. La discipline brise les
mauvais caractères. Mais ces natures-là, Dieu
merci, sont rares. J'estime qu'une enfant suivie
pas à pas dès sa naissance, aimée et dirigée

par une mère tendre et vigilante, est un monstre
si elle ne devient pas ce qu'on appelle une
jeune fille bien élevée.

Tout en écartant de Marthe ce qui eût pu
faire travailler sa jeune imagination, il entrait
dans mes idées de l'initier peu à peu aux
choses de la vie. Il me paraît inconséquent de
laisser une enfant vivre dans un rêve, ignorante des nécessités, des déboires, des duretés
de l'existence, pour la réveiller brusquement
le jour où il est indispensable que la lumière
soit faite. C'est d'ailleurs une erreur de croire
qu'en essayant de tout dissimuler à une enfant,
on arrive à la garder absolument naïve.

A cette époque où sa nature se transforme,
où elle passe de l'enfance à l'adolescence, le
même travail se fait dans son esprit. Elle a
comme une intuition de certaines choses qui
existent et qu'elle ne peut comprendre. Sa curiosité excitée, elle cherche, elle devine parfois, et souvent elle est troublée. C'est là que
le tact de la mère est nécessaire.

Elle doit livrer à l'enfant ce qu'elle peut livrer sans inconvénient: cette partie de la vérité
des choses qu'elle est en état de comprendre.

Répondre clairement aux questions de la fillette ; lui donner toutes les explications possi-

bles ; en un mot, satisfaire sa curiosité, c'est le meilleur moyen de calmer son imagination inquiète.

La mère doit faire tout cela naturellement, sans jamais paraître surprise de ce que lui dira sa fille. Un sourire, un moment d'hésitation, compromettrait tout. Il m'est arrivé plus d'une fois d'être prise d'une forte envie de rire à des questions *délicates* que m'adressait Marthe. Mais devant ce regard profond attaché sur moi, je gardais un imperturbable sérieux et je tournais la difficulté de mon mieux, sans altérer la vérité et en évitant de trop éclairer ma fille.

L'instinct maternel est généralement si juste qu'il est presque inutile de noter ces réflexions.

J'ai observé pour les lectures de ma fille la même règle de conduite. Je l'ai habituée à ne pas redouter les livres sérieux, tout en lui laissant lire d'abord l'innombrable quantité de volumes écrits pour les enfants. Son esprit chercheur lui suggérait toutes sortes de réflexions sur ses lectures. Elle me demandait le *pourquoi* de toutes choses, et m'obligeait à des analyses qui n'étaient pas sans me donner quelque peine. J'essayais d'en sortir à mon honneur, acquérant chaque jour la conviction qu'il faut à une mère autant d'instruction que de dévouement. Ma tâche me devint plus facile, par suite du nouveau plan que j'adoptai pour les études de Marthe.

Je jugeai qu'il était temps de lui faire suivre un cours, pour stimuler son zèle, et je choisis celui de Mmes ***. Il fut convenu avec Mme Émery que Geneviève continuerait à travailler avec ma fille ; Mlle Langlois resterait comme répétitrice, pendant un ou deux ans. Quoique je tinsse à assister au cours, pour être au fait du travail et des progrès des fillettes, cet arrangement me laissait un peu plus de liberté. J'en usai pour faire quelques visites et revoir des amies que ma retraite m'avait fait négliger.

Lorsqu'on a une fille, n'eût-elle que treize ans, il n'est pas permis de rompre avec la société. L'heure n'arrivera que trop tôt où l'enfant qu'on forme pour elle aura besoin de son accueil.

CHAPITRE V

MAUVAIS EXEMPLES. — ENFANTS GATÉS.

Invitation à la campagne. — La famille Blavet. — Disputes
entre frères et sœurs. — Enfants gâtés. — Un accident de
bateau. — On doit donner aux enfants les éloges qu'ils méritent.

Marthe s'était liée au cours avec Germaine
Blavet, dont la mère avait été jadis mon amie
de pension.

Mme Blavet s'était mariée, en même temps
que moi, avec un banquier que ses affaires ap-
pelèrent en Amérique. Sa santé l'obligeant à
rentrer en France, elle s'installa à Paris. Je
l'avais perdue de vue, comme il arrive souvent
lorsqu'on demeure dans des quartiers éloignés.
Le hasard fit qu'elle choisit pour Germaine le
cours que suivait Marthe. Nous nous y retrou-
vâmes donc, et nos relations amicales, interrompues quelques années, recommencèrent.

A la fin de l'année scolaire, Mme Blavet me
demanda d'amener Marthe chez elle à la campagne pendant les vacances. Ma fille accueillit
cette proposition avec une telle joie que je ne
voulus point lui refuser ce plaisir. La seule

chose qui la chagrinât était de laisser Geneviève à Paris. Elle me supplia d'en parler à Mme Blavet. Je pensai qu'il serait indiscret de le faire; mais la volonté de Germaine, toute-puissante auprès de sa mère, prévint le désir de Marthe.

Mme Émery voulant bien me confier Geneviève, il fut convenu que nous partirions toutes trois au mois d'août pour la Chesnaie.

Un peu avant le départ, je pris les fillettes à part, pour leur faire quelques recommandations.

— C'est la première fois, leur dis-je, que vous vous trouverez hors de chez vous. Il faudra, mes enfants, vous conduire de façon à n'être jamais désagréables à ceux qui vous reçoivent. Lorsqu'on accepte une invitation, on doit être décidé à trouver tout bien. Il est des devoirs que des enfants bien élevés doivent observer; par exemple, je vous engage à ne pas cueillir une fleur ni un fruit sans y avoir été autorisées. Certains maîtres de maison attachent à ces petites choses une grande importance.

Puisque nous n'emmenons point Marianne et que nous aurons affaire à des servantes étrangères, vous aurez soin de ne pas laisser vos chambres en désordre et de ranger vos effets vous-mêmes. Sans quoi, les domestiques pourraient prendre de vous une bien mauvaise opinion. Les salons d'aujourd'hui sont encombrés de bibelots, d'objets d'art, toutes choses de valeur. Ne vous avisez jamais d'y toucher, de peur d'accident. Si vous faites usage des jeux qu'on mettra sans doute à votre disposition, prenez garde de les abîmer et de les décompléter, et n'oubliez pas de les remettre en place quand vous aurez fini de vous en servir.

Pour ce qui est des repas, je vous recommande la plus grande discrétion; lorsqu'on vous passera un plat, ne prenez jamais le meilleur morceau; de même, quand on vous offrira des fruits ou des friandises, faites attention, avant de vous servir, s'il y en a pour les autres. Je n'ai pas besoin de vous recommander, mes chéries, de ne pas parler entre vous pendant les repas, car il est très déplaisant pour les gens qui causent d'entendre un ramage d'enfants autour d'eux. Une règle de laquelle il ne faut jamais s'écarter, c'est l'exactitude aux repas. Si emportées que vous soyez par l'ardeur du jeu, quittez-le au premier signal : à la campagne, on a généralement une cloche pour avertir les invités. J'aurai soin d'ailleurs de veiller à ce que vous suiviez bien ces préceptes.

Quinze jours plus tard, nous arrivions à la gare de Ferrières, où nous attendait le break de famille, conduit par M. Blavet. Germaine, ayant tenu à venir au-devant de ses petites amies, accompagnait son père. En trois quarts d'heure nous fûmes rendus au château de la Chesnaie, grande propriété dont les fermes étaient attenantes à l'habitation.

Mme Blavet, entourée de ses plus jeunes enfants, Pierre et Colette, nous attendait à la grille. La joie des enfants de se trouver ensemble n'a pas besoin de se décrire ; les premiers jours furent des jours d'enchantement.

Je ne tardai pas à m'apercevoir que les petits Blavet étaient fort gâtés. Germaine menait la maison et n'était contrecarrée dans ses volontés que par celles de son frère et de sa sœur. Les querelles entre ces trois petits personnages revenaient chaque jour sous les prétextes les plus légers ; Germaine organisait-elle une partie de bateau, vite, Colette ordonnait d'atteler la voiture à âne. Germaine alors se fâchait, battait même parfois sa jeune sœur et se plaignait amèrement à sa mère de son esprit de contradiction. La mère, fort embarrassée entre ses deux filles, approuvait Germaine sans désapprouver Colette ; elle était d'ailleurs bien souvent préoccupée elle-même du petit Pierre, qui ne lui laissait que peu de repos. Il avait, comme certains enfants turbulents, le talent de se rendre désagréable à tous. Il appelait cela faire des niches.

Ces luttes n'étaient pas sans amener quelque trouble dans notre existence.

Marthe et Geneviève essayaient bien de rétablir l'harmonie, parfois elles y réussissaient, mais le plus souvent la journée se passait en orages. Un jour, c'était une partie qu'une bouderie faisait manquer. Le lendemain, autre entrave causée par un accident : Pierre, voulant se dérober à un ordre de son père, s'était enfui dans la campagne; on ne l'avait retrouvé que trois heures après. Une autre fois, c'était Colette qui tombait et qui, se faisant mal au genou, mettait toute la maison en émoi. A un dîner, un plat fut servi dont l'aspect me parut singulier. L'air malin de Pierre avait déjà attiré mon attention; pressentant une méchanceté, je m'abstins de me servir. Mme Blavet, en goûtant le plat, poussa une exclamation, que suivit un grand éclat de rire, parti de l'autre bout de la table. Je me retournai, et je vis Pierre qui pouffait : il avait simplement allongé la sauce avec du cirage. M. et Mme Blavet trouvèrent très drôle l'incident.

Je n'étais pas sans inquiétude sur l'effet que pouvait produire cette mauvaise éducation. Cet exemple ne serait-il pas contagieux pour mes fillettes? Autant pour les soustraire à cette influence que pour utiliser ce temps de congé, je résolus de les faire régulièrement travailler. Il peut paraître banal de dire qu'en tout travail, quand on n'avance pas, on recule; mais c'est pourtant une vérité indispensable à répéter. Laisser des enfants dans l'inaction les expose à oublier ce qu'ils ont déjà appris et leur fait paraître plus dur de se remettre ensuite à l'étude. L'oisiveté, d'ailleurs, sans qu'ils s'en doutent, leur pèse bientôt.

Il fut donc convenu qu'une heure et demie de travail serait prise sur la matinée et, selon les circonstances, une autre heure sur la journée.

Le plaisir favori des enfants était de se promener en bateau sur une petite rivière qui serpentait autour du parc. Cette rivière, à sec pendant les chaleurs de l'été, n'était navigable qu'après les fortes pluies, quoique le bateau fût absolument plat et des plus légers. Bien que le peu de profondeur de ce cours d'eau écartât toute idée de danger, je n'étais pas sans inquiétude en voyant partir seuls tous ces enfants, dont les plus âgés n'avaient pas quatorze ans. D'autre part, je craignais de me rendre ridicule en accompagnant partout ma fille. Un incident me fit comprendre qu'une mère a toujours tort de sacrifier au respect humain.

Un après-midi, nous étions installées, Mme Blavet et moi, à travailler sous un gros tilleul qui formait berceau devant la maison. Les enfants étaient partis depuis quelque temps dans la direction de la rivière, et nous entendions de temps en temps leurs éclats de rire. Tout à coup, des cris de détresse retentirent; en un bond nous fûmes au bord de l'eau.

Un spectacle à la fois affligeant et comique s'offrit à nos yeux. Sur les cinq enfants, trois étaient noirs de vase; Marthe, Colette et Pierre s'avançaient, les vêtements trempés, suivis de Germaine et de Geneviève, pâles et tremblantes. Je fus aussitôt rassurée par le visage riant de Marthe, qui, en nous apercevant, s'écria :

— Ce n'est rien, maman, ne nous grondez pas, nous n'avons pas de mal.

Mme Blavet, très effrayée de la pâleur de Germaine, se précipita vers elle et lui demanda ce qui s'était passé.

— C'est Pierre, dit l'enfant, qui est cause de tout.

Et elle commença d'un ton dolent un inintelligible récit.

Or voici ce qui était arrivé.

Comme toujours, dès le départ, les deux sœurs s'étaient trouvées en désaccord, se disputant les rames et voulant diriger chacune à sa façon. Le petit Pierre avait voulu s'en mêler à son tour et avait pris de force un aviron ; Germaine le lui arracha des mains ; alors Pierre se jeta sur elle et, en voulant le repousser par un geste trop brusque, elle le fit tomber à l'eau. Colette se pencha pour le rattraper ; mais, dans un faux mouvement, elle perdit l'équilibre. S'enfonçant dans la vase, les deux enfants se mirent à crier ; mais tandis que Germaine perdait la tête et que Geneviève tremblait de peur, Marthe hardiment sauta dans l'eau ; elle saisit d'abord Pierre et parvint à le mettre sur le bord ; tendant ensuite la main à Colette, elle l'aida à remonter la berge.

Le sauvetage terminé, Germaine et Geneviève, qui n'avaient cessé de crier, se décidèrent à sortir du bateau.

Je pressai Mme Blavet de laisser là les explications données par Germaine et de faire rentrer les enfants, dont il fallait changer les vêtements mouillés.

On croirait qu'après une telle aventure le premier soin des parents aurait été de corriger ou, tout au moins, de gronder l'enfant qui en avait été la cause. Point. Après avoir félicité plus qu'il n'était nécessaire Marthe de son courage, M. et Mme Blavet s'occupèrent exclusivement de Germaine dont l'amour-propre souffrait d'avoir joué un si triste rôle. Elle cachait son humiliation sous un air languissant et se plaignait d'un mal qu'elle ne pouvait définir. Inquiète, sa mère la déshabilla et la coucha, en attendant le médecin que courut chercher M. Blavet. Je ne jurerais pas que ce dénouement fût tout à fait du goût de la fillette ; mais il fallait qu'elle sauvât sa vanité, et cela lui donna le courage de s'ennuyer quelques heures.

Pendant ce temps, les autres enfants avaient changé d'habits et riaient franchement de l'incident qui les avait si fort effrayés quelques instants auparavant. Geneviève, à peine remise de son émotion, avait voulu suivre la fortune de sa nouvelle amie, Germaine, et lui tenait fidèle compagnie. Assise près de son lit, elle demeurait silencieuse et un peu pâle.

Ma fille ayant demandé à voir Germaine, celle-ci fit semblant de dormir. Marthe revint vers moi.

— Maman, me dit-elle d'un air inquiet, est-ce que vous croyez que Germaine est bien malade?

— Je ne le crois pas, ma chérie ; mais, dans quelques moments, nous saurons à quoi nous en tenir. Le docteur va venir.

— Quel dommage, maman, que cet accident soit arrivé! Nous nous serions tant amusés, sans cela!

L'occasion qui s'offrait à moi était trop belle pour que je la laissasse échapper.

— Cet accident est regrettable, sans contredit, ma chère fille ; mais tu es assez grande et assez raisonnable pour te rendre compte qu'il n'est point le résultat d'un hasard ou d'une malchance. Si Germaine avait plus de patience, si elle supportait avec plus de douceur les défauts de son petit frère, tout cela ne serait pas arrivé. D'autre part, si Pierre était moins diable et moins désobéissant, il n'eût pas exaspéré sa sœur. Tu vois donc que, dans tout cela, il y a un peu de la faute de chacun, et qu'il ne serait pas juste d'accuser le sort.

— Croyez-vous, maman, que si j'avais des petits frères et des petites sœurs, je supporterais mieux que Germaine leurs défauts? demanda Marthe après un instant de réflexion.

— Il m'est bien difficile de répondre à ta question, ma chérie, et de prévoir ce que tu ferais si les choses étaient autrement qu'elles ne sont. Si bien que je te connaisse, je ne puis présumer de ton caractère, dans des circonstances différentes de celles où tu vis actuellement. Tu es vive et même emportée, tu le sais, n'est-ce pas? Je dois te rendre cette justice que tu fais des efforts pour te corriger, et depuis quelque temps je suis heureuse de voir que tu y réussis. Il m'est donc permis de dire que, si tu avais des frères et sœurs, tu *essayerais* d'être patiente avec eux. Cette conclusion te satisfait-elle?

— Oui, maman, fit Marthe en me sautant au cou; que vous êtes bonne et que je vous aime!

Je pense que, sans exalter la vanité des enfants, il est bon de leur faire parfois les éloges qu'ils méritent et de leur montrer qu'on s'aperçoit de leur bonne intention ; cela stimule leur zèle et les encourage à persévérer.

Ainsi que je le prévoyais, le médecin déclara que Germaine n'avait rien. Il ordonna, pour tout remède, qu'on la levât sur-le-champ.

A l'heure du dîner, elle reparut fraîche et pimpante, et il ne fut plus question de rien.

Dès le lendemain, on reparla d'aller sur la rivière ; je me proposais, cette fois, d'accompagner les enfants, si pusillanime que cela pût me faire paraître ; mais je n'eus pas à me prononcer, Germaine ayant déclaré qu'elle en avait assez de ces promenades et de ce bateau, qu'on l'empêchait de conduire à sa guise.

En vain, les autres enfants la supplièrent. Elle demeura inflexible.

— Alors, qu'est-ce que nous allons faire ? demanda Colette, les larmes aux yeux.

— Vous pouvez bien vous amuser autrement, dit Mme Blavet, qui ne voulait jamais contrarier Germaine.

Une partie de crocket fut décidée, et on l'organisa devant la maison.

A partir de ce jour, les parties de bateau furent abandonnées et remplacées par des promenades dans le parc ; une gouvernante suivait de loin les enfants.

CHAPITRE VI

LA JALOUSIE ENFANTINE.

La jalousie. — Les préférences de Germaine. — La vanité.

Depuis quelque temps, je remarquais un changement dans la manière d'être de Germaine envers Marthe ; elle paraissait prise d'une grande amitié pour Geneviève, qu'elle accablait de marques de préférence. Les fillettes, parties ensemble, ne tardaient pas à se séparer. Germaine prenait les devants avec Geneviève, laissant en arrière sa petite sœur et Marthe. Il m'était aisé de pénétrer le motif de cette évolution, et je me félicitais intérieurement que Marthe ne s'aperçût de rien. Je me trompais en cela. En effet, je ne tardai pas à me convaincre que Marthe faisait bonne contenance, mais qu'elle souffrait de la froideur de sa petite amie. Autant pour éviter une peine à ma fille que pour éloigner de son cœur tout sentiment de jalousie, je l'interrogeai.

— Eh bien, oui ! me dit-elle les yeux brillants de larmes ; c'est vrai, maman, j'ai du chagrin, parce que je crois que Geneviève ne m'aime plus.

Cette réponse m'étonna.

— Comment ! Geneviève ! Pourquoi crois-tu que Geneviève ne t'aime plus ? Je pensais que ta tristesse venait de ce que Germaine te laissait un peu de côté.

— Oh ! je m'en suis bien aperçue ; mais elle, cela m'est égal, parce qu'elle n'est pas mon amie comme Geneviève.

— Mais, du moment que Germaine t'est indifférente, quelle raison as-tu de t'affliger ?

— Puisque je vous dis, maman, que Geneviève est toujours avec Germaine, qu'elle ne me parle plus et ne vient plus avec moi. Aussi, maman, je crois que non seulement Germaine m'est indifférente, mais encore que je la déteste.

— Ah ! ma fille, cela, c'est un peu fort.

— Oui, maman, je la déteste, je la déteste, je la déteste.

Et, s'exaltant par ses propres paroles, Marthe eut une véritable crise de larmes, que j'eus toutes les peines du monde à calmer. A travers ses sanglots, elle me suppliait de l'emmener de cette maison.

Je crois que généralement, avant de raisonner avec une enfant, il est bon de laisser passer ses accès de sensibilité. Pourtant, il fallait bien faire comprendre tout de suite à Marthe que nous ne pouvions partir ainsi. Je la pris dans mes bras et lui dis :

— Tu te fais du mal bien inutilement, ma chère fille. Demain matin nous recauserons de tout cela, et peut-être verras-tu les choses sous un aspect différent. Pour le moment, il faut essuyer tes yeux et reprendre un visage plus riant, sans quoi il te faudrait expliquer à tous la cause de ta tristesse, ce qui pourrait t'embarrasser. Tu dois d'ailleurs te sentir déjà soulagée par la pensée que je connais ton petit secret, et que je compatis à ta peine.

Quoi que fît Marthe pour essayer de m'obéir, sa physionomie garda cette empreinte de mélancolie que donnent les larmes, fussent-elles des larmes d'enfant.

Le hasard voulut que, justement ce soir-là, Germaine témoignât à Geneviève un redoublement d'amitié.

Ayant descendu de sa chambre un coffre en laque qui contenait une variété infinie de petits bibelots, tels que carnets, portefeuilles, porte-cartes, Germaine en prit un, sur lequel elle écrivit quelques lignes de souvenir, et qu'elle offrit ensuite à Geneviève. Puis elle continua l'exhibition des autres objets que renfermait le coffre, sans songer plus à Marthe que si elle n'existait pas.

Le cadeau n'était rien par lui-même, mais le procédé disait bien des choses.

Une ombre passa sur le cher visage que j'observais à la dérobée, et instinctivement ma fille se rapprocha de moi.

Mme Blavet comprit-elle le mouvement de Marthe? Je ne sais. Toujours est-il que, pour la première fois, je lui entendis faire une observation à Germaine.

— Et Marthe? Je suppose, ma chérie, que tu ne l'oublies pas dans ta distribution, dit-elle en souriant.

Germaine rougit un peu et, prenant au hasard un carnet qu'elle présenta à ma fille, elle dit avec aplomb :

— Je cherchais quelque chose de joli pour Marthe.

Le lendemain, j'eus une longue conversation avec ma fille.

Si puérils que puissent paraître les sentiments d'une enfant de cet âge, je crois qu'une mère prudente doit les étudier, les observer, afin de pouvoir les raisonner. Pauvre petite !

C'était sa première déception! bien amère, quoique enfantine. Et je me sentais embarrassée entre le désir de la prémunir contre les déceptions plus sérieuses qui l'attendaient dans la vie et la crainte de lui enlever trop tôt les illusions nécessaires à la jeunesse.

Marthe était trop petite pour qu'on pût lui prêcher la philosophie, cette grande indulgence, faite de désenchantement et de résignation, que nous enseigne l'expérience de la vie. En effet, comment dire à une enfant qu'un cœur qui se donne n'est pas en droit d'attendre de réciprocité?

J'essayai pourtant de lui faire comprendre qu'une amitié vraie doit être indulgente; que certaines natures ont des engouements passagers pour les nouveaux visages, sans pour cela oublier leurs amis.

— Garde-toi, mon enfant, lui dis-je en terminant, de te laisser aller à une jalousie, qui te rendrait maussade, exigeante et injuste, peut-être. Ta petite amie Geneviève est, en ce moment, un peu étourdie par les avances et les cajoleries de Germaine; mais sois persuadée qu'elle n'a pas cessé de t'aimer. Tu la retrouveras au retour telle qu'elle était avant de venir. Je crois connaître assez Germaine

pour affirmer qu'il n'y a dans tout ceci qu'une
mesquine taquinerie, et que son cœur n'é-
prouve aucun sentiment d'affection pour personne. C'est une nature vaniteuse, que ses
parents gâtent encore par leur faiblesse, qui
n'aime qu'elle et qui, je le crains, sera plus
tard une femme personnelle et égoïste. Je ne
regrette nullement le peu de sympathie qu'elle
te témoigne, et je t'avoue franchement que
mon intention n'était point de te laisser cultiver intimement une enfant élevée de la sorte.
Je te crois assez raisonnable pour comprendre
tout cela, ma chérie, et pour ne point t'affliger d'un chagrin imaginaire. Reste douce et
aimable avec Germaine, car cela entre dans la
bonne éducation. Sans lui témoigner une amitié hors de propos, ce qui serait une fausseté,
tu peux, par ton égalité d'humeur, la désarmer et, qui sait, peut-être lui faire faire sur
elle-même un retour salutaire. Notre séjour
ici ne se prolongera pas longtemps ; mais je
ne puis, sans manquer à la politesse, brusquer
notre départ. Dans quelques jours, tu seras
donc débarrassée de cette contrainte que t'im-
posent les convenances. Il faut bien que tu
apprennes peu à peu, ma chère fille, que la
vie se compose de choses bonnes et de choses

mauvaises. Il faut que tu te prépares de bonne heure à supporter vaillamment les contrariétés, les obstacles qui se présentent, afin d'être armée pour les difficultés de l'avenir. Allons, chère enfant, je ne veux point assombrir davantage ton imagination. Viens m'embrasser, et va rejoindre tes compagnes. Occupe-toi de Colette, qui est gentille et qui, dans tout ceci, me paraît être un peu sacrifiée.

Avant notre départ, qui fut fixé à la semaine suivante, on organisa une excursion. Le Val-aux-Biches, grand moulin attenant à une ferme-modèle, était, paraît-il, le but de promenade de tous les châtelains du département. On attela le *four-in-hand*, et il fut convenu que les enfants goûteraient au Val. A neuf heures du matin, tout le monde était sur le perron, prêt à partir : Germaine et Colette vêtues de costumes élégants, mes fillettes simplement habillées de toile, ce qui amena une réflexion désobligeante sur les lèvres de Germaine.

— Tiens ! tu n'as donc pas de robe plus belle ? dit-elle à ma fille d'un air dédaigneux.

Marthe rougit sans répliquer.

Je ne voulus point laisser croire à Marthe qu'il est humiliant d'avoir une robe de plus ou moins de valeur.

— Ma petite Germaine, les enfants n'ont pas besoin d'être en grande toilette, et cela les gêne, d'ailleurs, pour courir dans la campagne. Quand on va visiter une ferme, peu importe d'avoir un costume de soie ou de toile. On y va pour s'amuser, et non pour critiquer ses compagnes.

Germaine fit un peu la moue, mais elle avait trop d'amour-propre pour laisser voir son mécontentement. Cet incident fut vite oublié dans les distractions du voyage.

Le Val-aux-Biches était distant d'environ sept lieues. Il était plus de midi quand nous arrivâmes. Nous mourions de faim, et notre premier soin fut de déballer les provisions et de commander le déjeuner. Une servante vint à nous et nous proposa d'entrer dans la salle en attendant qu'elle allât chercher ses maîtres. Les fermiers, propriétaires du Val, étaient de riches cultivateurs. Quelques instants après, une femme de quarante ans environ, accorte et fraîche, se présenta, suivie d'une fillette de la taille de Marthe. Avec une aisance gracieuse, la fermière mit sa maison à notre disposition et fit dresser la table au milieu du verger. Elle voulut elle-même surveiller les préparatifs de ce repas champêtre.

Nous déjeunâmes tous de fort bon appétit, les enfants mangeant avec délices la crème et le pain bis traditionnels.

La fermière nous proposa ensuite de visiter le moulin. M. Blavet en profita pour donner aux enfants quelques notions sur la transformation du blé en farine et de la farine en pain. Rien de meilleur pour la jeunesse que ces leçons de choses données sur place. Elles s'impriment bien mieux dans leur mémoire que les explications des manuels.

Après la visite au moulin, pour laisser reposer les chevaux, nous entreprîmes une promenade à travers champs. Tandis que nous marchions en causant, les enfants, à quelque distance, couraient devant nous, cueillant des fleurs.

Un troupeau de vaches défilait au loin : ce que voyant, nous pressâmes le pas pour rejoindre les enfants ; mais ceux-ci descendaient une pente et nous devançaient toujours.

Tout à coup une vache se détacha du troupeau, dévalant le long d'un talus ; elle venait droit sur Germaine. On sait qu'à l'occasion une vache peut être redoutable. Je m'élançai, affolée par le souvenir du danger qu'avait couru un de mes amis, lequel n'avait dû, dans les mêmes circonstances, son salut qu'à son sang-froid.

Inconsciente du péril qui la menaçait, Germaine, à ce moment, était très affairée à ramasser les fleurs éparses détachées de son bouquet. J'arrivai juste à temps pour saisir brusquement l'enfant, avec laquelle je me jetai de côté. La vache poursuivit sa course sans se détourner.

Cet épisode, qui n'avait duré qu'un instant, suffit pour bouleverser tout le monde. Mme Blavet s'évanouit. M. Blavet était accouru derrière moi, au secours de sa fille ; mais le danger était passé. Les enfants, effrayés, poussaient des cris, à leur tour ; Germaine seule restait calme et comme étonnée de cette émotion dont elle était cause.

Il fallut songer à Mme Blavet, qui demeurait étendue sur le chemin. Pierre pleurait en essayant de ranimer sa mère.

— Ma chérie, ma Germaine, où est-elle? dit Mme Blavet en rouvrant les yeux.

L'enfant se jeta dans les bras de sa mère, qui ne voulut plus entendre parler de poursuivre la promenade. Nous rentrâmes donc à la ferme, et, tandis que M. Blavet s'occupait de faire atteler le break, nous prîmes congé de la fermière, à qui je racontai l'incident.

— C'est une vache qui a eu peur, dit la fermière ; elle a peut-être vu la robe rouge de mademoiselle ; les vaches n'aiment pas le rouge.

— Pauvre Germaine ! elle qui était si fière de sa robe !

Le retour s'effectua sans autre accident.

Peu de jours après, je quittai la Chesnaie, avec le souvenir reconnaissant de l'accueil que j'y avais reçu et en même temps le désir intime de ne pas renouveler cette épreuve.

CHAPITRE VII

RESPECT DES ENFANTS ENVERS LEURS PARENTS.

Séjour au bord de la mer. — Mlles Émery. — Leur caractère.
— Impertinence de Juliette. — Éviter la familiarité avec ses
enfants. — L'excès de sollicitude a aussi ses inconvénients.
— De l'ordre. — Complaisance. — Ne pas se faire prier. —
Les bonnes manières s'acquièrent par l'exemple et par la
comparaison.

Les vacances n'étant pas encore terminées,
Geneviève alla rejoindre sa famille au bord de
la mer. Pressée par les instances de Mme Émery,
je consentis à aller passer chez elle une semaine avec Marthe.

Mme Émery occupait une maisonnette près de
la plage, une de ces petites plages normandes
si tranquilles, où l'on fait peu de toilette.
M. Émery, un ancien ami de mon mari, chef
de bureau au ministère de l'intérieur, venait,
du samedi au lundi, retrouver les siens. L'installation modeste était pourtant commode et
le site riant; au rez-de-chaussée, une grande
salle à manger-salon où se réunissait la famille aux heures de repas et le soir, lorsque le
temps ne permettait pas une promenade. Au

premier, étaient les chambres, petites et rustiques, mais gaies et ensoleillées. On me donna la plus grande, dans laquelle on mit un second lit pour Marthe. Nous étions voisines des deux filles aînées de Mme Émery, Juliette et Hélène : la première, âgée de dix-sept ans ; la cadette, de seize ans. Ainsi qu'il arrive fréquemment, les trois sœurs se ressemblaient de visage et différaient absolument de caractère : Juliette, mauvaise tête et bon cœur, était une jolie brune, vive et gaie, tandis qu'Hélène, blonde et rêveuse, était la jeune fille la plus distraite qu'on pût imaginer ; son esprit, toujours dans les nuages, la rendait étrangère à ce qui se passait autour d'elle, et donnait lieu à mille quiproquos qui faisaient rire sa famille. Geneviève tenait des deux. Calme et contemplative comme Hélène, elle avait pourtant un peu de la nature pratique et positive de sa sœur aînée, et riait volontiers, si on la mettait en train.

J'aimais beaucoup ces trois jeunes filles, que je considérais presque comme mes enfants. Unies depuis de longues années par une amitié que des preuves réciproques de dévouement avaient encore augmentée, nous avions toujours vécu près l'une de l'autre, Mme Émery et moi. Sa santé délicate l'obligeait à des ménagements, et j'avais été bien heureuse de pouvoir la soulager dans sa tâche de mère de famille en m'occupant de Geneviève.

Notre arrivée fut saluée par des cris de joie ; Marthe n'était pas la moins contente des quatre fillettes.

C'était la première fois qu'elle voyait la mer, et elle s'extasiait, avec son impressionnabilité ordinaire, devant cet admirable spectacle.

Dès le lendemain, elle voulut se baigner avec ses amies, et ce fut une partie complète. On se jeta à l'eau, on nagea ensemble, et Marthe revint de son premier bain tout étonnée de la différence qui existe entre la mer et la rivière pour la facilité de nager.

Après le déjeuner, on organisa une pêche à la crevette, qui mit l'enthousiasme de Marthe à son comble. Hélène nous donna la comédie avec ses distractions continuelles, et j'en profitai pour rentrer dans mon rôle de sermonneuse.

Préposée à la garde des pêchettes, Hélène oublia son importante mission pour se livrer à ses rêves habituels : une grosse vague vint, qui emporta tout.

Le désespoir des petites était drôle à voir ;

Hélène, consternée, voulut se mettre à l'eau pour rattraper les filets ; je l'en empêchai.

— Ne va pas faire deux malheurs pour un, lui dis-je en riant ; tu n'aurais qu'à oublier que tu nages, et le courant t'emporterait. Nous nous passerons de crevettes, et tu tâcheras une autre fois de penser à ce que tu fais.

Cette philosophie ne fut pas goûtée des jeunes témoins de cette scène, qui décidèrent, à l'unanimité des voix, de faire payer à Hélène un cent de crevettes pour sa punition.

Cette idée était pratique, et la coupable s'y résigna de bonne grâce.

— Eh bien, voilà tout, dit-elle, je me passerai d'un livre dont j'avais envie.

Le soir, en montant se coucher, Marthe me dit d'un air confidentiel :

— Maman, je sais quel est le livre que désire Hélène. Voulez-vous me permettre de le lui donner ?

— Certes, mon enfant, tu as là une très bonne pensée ; il ne faut jamais négliger une occasion d'être agréable à ceux qu'on aime.

La semaine se passa dans des plaisirs du même genre.

Un concert eut lieu le dimanche suivant au profit des veuves de pêcheurs. Nous prîmes des billets et allâmes en bande. Les distractions étant rares, ou la charité grande, il y avait foule sur la terrasse du casino. Avec beaucoup de peine, nous trouvâmes quelques chaises, et nous nous félicitions d'être enfin casées, lorsqu'arriva une vieille dame qui, malgré son grand âge, se trouva forcée de rester debout. Je fis signe à Marthe d'offrir sa chaise; elle obéit aussitôt. La vieille dame, touchée de cette attention, se confondit en remerciements :

— Permettez-moi, madame, me dit-elle, de vous féliciter de la bonne éducation de votre fille. Il est rare aujourd'hui de voir les personnes jeunes aussi obligeantes pour les vieilles femmes.

Et Marthe en fut quitte pour partager la chaise de Geneviève.

A propos de ce concert, je priai Mme Émery de me faire connaître une ou deux des plus pauvres familles du pays.

Quelque situation qu'on ait, j'ai pour principe qu'il faut, lorsqu'on passe dans un pays, y faire du bien. On doit habituer les enfants à voir la misère sans répugnance et à savoir la secourir.

Un pêcheur venait justement de se noyer, laissant dans une détresse profonde sa femme

et sept enfants. Je lui portai une somme d'argent, à laquelle Marthe m'offrit de joindre ses
économies. J'acceptai, lui laissant le plaisir de
les donner elle-même.

— C'est singulier, maman, me dit Marthe le
soir, d'un air ému, je n'ai jamais été si heureuse qu'aujourd'hui.

Cette émotion me fit réfléchir. La satisfaction
intime d'avoir fait le bien est en soi une chose
naturelle ; mais, chez les natures nerveuses, il
faut craindre que cette impression ne dégénère
en sentimentalité. Je me promis donc de me
surveiller pour ne point provoquer en elle ces
élans de sensibilité d'enfant qui peuvent étouffer
l'énergie nécessaire à la femme.

Avant notre départ, un gros événement vint
troubler la paix de la maison. C'était à propos
d'une promenade à âne, sur le plan de laquelle
les sœurs ne purent s'entendre, chacune voulant faire prévaloir sa volonté. Des mots aigres
furent échangés, et la querelle s'envenima si
fort que Juliette, dans son dépit, ne voulut plus
entendre parler de la promenade. Mme Émery,
fâchée, avec raison, de la conduite de sa fille
aînée dans cette circonstance, exigea que la
partie eût lieu.

— Ma chère fille, dit-elle à Juliette, il ne serait pas juste de priver les autres d'un plaisir auquel tu es la seule à vouloir renoncer. Cette promenade aura lieu sans toi.

Juliette, vexée, eut un sourire impertinent :

— Volontiers, répondit-elle. Nous sommes d'accord. J'avais décidé que je n'irais pas. Merci, maman.

Puis elle s'en alla, affectant un air calme, qui était une impertinence de plus. Mme Émery se contint et, se tournant vers moi :

— Je vous demande pardon, me dit-elle, de vous rendre témoin d'une scène aussi inconvenante, et surtout je regrette d'y faire assister Marthe. Le manque de respect des enfants envers leurs parents est une chose grave. J'espère que celles qui sont ici présentes ont assez de raison pour le comprendre et apprécier la conduite de Juliette. Si bonne que soit au fond ma fille aînée, sa mauvaise tête l'emporte parfois et lui fait perdre la notion des convenances. Sans avoir à me reprocher de m'être montrée faible, je regrette de n'avoir pas eu le courage de me séparer d'elle temporairement en la mettant en pension. Deux ou trois ans de discipline et d'éloignement de la maison paternelle eussent brisé ce caractère, que mes exhortations n'ont pu assouplir complètement. Il y a cependant une légère amélioration. Jugez un peu ! ajouta Mme Émery avec son sourire doux et un peu triste.

Les enfants écoutaient en silence, la tête basse, ce sermon adressé à une absente qu'elles aimaient toutes, et que pourtant elles ne pouvaient excuser. Mme Émery poursuivit, m'adressant pour la forme ces paroles, destinées au jeune auditoire qui l'entourait :

— Le manque de respect de nos enfants est la plaie de notre époque, et c'est un peu à la manière dont nous les élevons que nous devons cela. Nous nous faisons trop leurs camarades et pas assez leurs supérieurs. Ils oublient la distance qui les sépare de nous : distance qui vient de la différence de notre âge avec le leur, de notre expérience, de *notre caractère*. Notre tendresse dissimule trop l'autorité qui nous appartient, et il est presque excusable qu'ils en abusent. Ma Juliette est trop intelligente pour ne point comprendre tout cela un jour. Elle regrettera alors le chagrin qu'elle m'a causé dans le passé. Mais c'est assez m'occuper d'un incident qui ne doit pas me faire perdre de vue la promenade projetée. Nous allons partir et laisser Juliette à ses réflexions.

J'étais enchantée pour ma fille de ce que ve-

nait de dire Mme Émery. Non pas que j'eusse
à lui reprocher d'être irrespectueuse envers
moi ; mais l'intimité absolue dans laquelle je
vivais avec Marthe, cette existence commune
de tous les instants, ne pourraient-elles engen-
drer une familiarité trop grande ?

Il me revenait à la mémoire ce passage
d'une lettre de Mme de Girardin, qui blâme les
mères d'aujourd'hui, pour faire l'éloge de celles
du bon vieux temps :

« Jadis les parents, dit-elle, ne se piquaient
point d'être tendres ; ils n'embrassaient leurs
enfants que le dimanche ; on amenait à Mme la
marquise ses deux fils, dans son cabinet de toilette, pendant qu'elle se faisait *accommoder;*
elle tendait la main droite à l'aîné, la main
gauche au plus jeune ; ils baisaient chacun cette
main respectueusement, sans prononcer une
parole, et puis l'abbé les emmenait, et tout
était dit pour l'amour maternel jusqu'au dimanche suivant. Les enfants, à cette époque,
ne voyaient jamais leur mère qu'à travers un
nuage de poudre et que dans une *gloire* par-
fumée ; aussi tremblaient-ils devant elle jusqu'à
leur dernier jour, jusque dans leur propre vieillesse. Si la tendresse maternelle n'avait plus
rien de sa douceur, l'autorité maternelle con-

servait du moins toute sa force et tout son prestige, et les enfants ainsi élevés étaient de braves gentilshommes pleins d'intelligence et de cœur. »

Sans aller aussi loin et préconiser un amour maternel si *intermittent*, on peut craindre l'écueil d'une tendresse trop *couveuse*, si je puis dire. Lorsqu'une mère est une amie, et qu'elle est, ainsi que l'a écrit Mme de G..., « une providence domestique, que l'on peut implorer à tout instant, qui vous secourt au moindre danger, qui vous assiste au moindre doute, qui écarte avec empressement de votre destin les obstacles et les ennuis, elle vous ôte en même temps tout caractère, toute initiative, toute énergie; et les enfants ainsi élevés seront sans doute très heureux, mais certes ils ne seront jamais des hommes forts ni intelligents ».

On voit d'après tout cela que l'*excès* de sollicitude pour une jeune fille qui atteint l'âge de raison peut avoir ses inconvénients, et qu'une juste mesure est nécessaire même dans le bien.

Étant un peu fatiguée, je ne voulus pas être de cette promenade; mais je me gardai bien de troubler la retraite de Juliette. Avant le dîner, je lisais au salon, lorsqu'elle entra. Un peu surprise, elle rougit ; pourtant elle fit bonne contenance et vint à moi.

— Je ne vous savais pas ici, madame : je serais descendue plus tôt.

— Ma chère petite amie, lui dis-je en l'embrassant, je suis bien aise de causer un peu avec toi avant l'arrivée de ta mère.

— Oh ! madame, je sais ce que vous allez me dire. Vous ne pourrez me faire plus de reproches que je ne m'en fais moi-même ; mais lorsque la colère m'emporte, je ne sais plus ce que je dis.

— C'est justement ce dernier point, Juliette, que tu dois modifier. Tu es bonne, tu aimes ta mère, et pourtant tu lui fais de la peine ! Il faut, pour se corriger, non seulement de la bonne volonté, mais surtout *de la volonté*. Prends la ferme résolution de ne jamais manquer de respect à ta mère dans ces moments d'emportement, mon enfant. C'est mon affection pour toi qui m'autorise à te parler ainsi : tu n'en doutes pas, je pense.

— Croyez bien, madame, que je vous sais gré de me parler aussi sincèrement, et que je m'efforcerai de ne plus retomber dans une faute qui fait tant de peine à ma mère.

Quand Mme Émery rentra, Juliette se jeta à

son cou et lui fit des excuses. Inutile de dire que tout fut oublié.

Hélène, qui était très artiste, avait trouvé un ingénieux moyen de faire des dessins avec des varechs rouges qu'on trouve sur cette plage. Très variés et très délicats, ces varechs, collés sur le papier, formaient de petits tableaux dignes d'être encadrés. Elle nous dit qu'elle en avait composé un album et nous offrit de nous le faire voir.

— Tu t'avances beaucoup, Hélène, dit Juliette. Je parie que tu ne sais pas où tu as mis ton album.

Pour donner un démenti à ces paroles, la jeune fille courut à sa chambre; mais elle en revint bientôt désappointée.

— Je n'ai pas pu le trouver, dit-elle. J'étais pourtant bien sûre de l'avoir remis en place.

Marthe, qui s'était prise de passion pour cet amusement, était encore plus déçue qu'Hélène. Elle lui proposa de l'aider à chercher sa collection.

— Oh non! fit celle-ci, mes tiroirs ne sont pas assez en ordre pour que je te les laisse voir.

— Je ne suis pas fâchée, mon enfant, dit Mme Émery, que tu te rendes justice; mais tu m'avoueras qu'une fille de ton âge doit avoir assez d'ordre pour qu'on puisse ouvrir ses armoires à l'improviste. J'aimerais mieux te voir moins de facilité à convenir de ce défaut et plus d'amour-propre pour te corriger.

Les soirs de pluie, nous restions autour de la lampe, les unes travaillant, les autres lisant tour à tour à haute voix, cette dernière tâche dévolue à Mme Émery et à moi. Parfois Juliette, qui était bonne musicienne, se mettait au piano sur ma demande. Mme Émery, de son côté, voulait faire jouer Marthe ; mais celle-ci essayait toujours de résister.

Mon avis étant qu'une enfant ne doit jamais se faire prier, je m'attachai à vaincre sa timidité en la forçant à jouer aussi quelque chose.

Il est indispensable d'habituer de bonne heure une jeune fille à payer de sa personne, pour être agréable aux autres. Un talent qu'on garde pour soi est un talent nul ou, tout au moins, un talent égoïste.

Si Marthe avait de la peine à comprendre cela, que dirai-je de Geneviève, pour laquelle ces petits exercices musicaux étaient autant de supplices ?

J'imaginai de leur faire jouer d'abord un morceau à quatre mains, afin de les aguerrir, et ce moyen réussit.

Le premier moment de crainte passé, elles s'exécutaient de bonne grâce.

Peu à peu, encouragées par notre bienveillance, elles prirent l'habitude de se mettre sans hésitation au piano, dès que nous leur disions de le faire. Et ce ne fut pas une mince victoire, étant donnée la timidité des fillettes.

Cette existence au grand air, ces promenades, ces bains, étaient très favorables à la santé de Marthe ; cette vie de famille ne l'était pas moins à son développement moral.

La culture des bonnes manières se perfectionne par l'exemple et par la comparaison. Lorsqu'une mère a une fille unique et qu'elle l'élève près d'elle, elle ne doit négliger aucune occasion de la mettre en rapport avec des enfants de son âge, afin que les leçons qu'on donne à ses compagnes lui servent à elle-même.

Pourtant, comme tout a une fin, même les vacances, il fallut songer au retour. Nous précédâmes de quelques jours seulement Mme Émery et sa jeune famille, et à la fin d'octobre nous étions toutes réinstallées à Paris.

CHAPITRE VIII

Les cours recommencèrent en novembre.
Marthe et Geneviève, n'ayant pas cessé de travailler pendant les vacances, se remirent à l'é-
tude sans peine.

Depuis que j'avais adopté ce nouveau système d'éducation, ma fille ne se faisait plus
prier pour faire ses devoirs. L'amour-propre
s'en mêlant, elle eût rougi de mal répondre
devant ses compagnes, et devant cette galerie,
assez imposante pour les enfants, qui se compose des mères et des institutrices d'élèves.

Geneviève, toujours indolente, n'était pas
souvent dans les premières, mais pourtant elle
gardait un rang convenable dans sa classe.

Mes fillettes avaient retrouvé Mlles Blavet au
cours. Ainsi que je le prévoyais, l'engouement
de Germaine pour Geneviève s'était éteint
comme un feu de paille. En rentrant à Paris,

elle avait retrouvé ses anciennes amies, plus
en rapport avec elle, comme fortune et comme
genre, que ne l'étaient mes enfants, et son
amitié s'était refroidie. Pourtant, nous crûmes
convenable, Mme Émery et moi, de continuer
avec les Blavet des relations sinon intimes, du
moins polies et cordiales.

Sans nous soucier de donner journellement
à nos filles l'exemple d'une détestable éducation, nous étions forcées de les laisser fréquen-
ter les petites Blavet, le cours les mettant en
contact deux fois par semaine. Je me réservais, d'ailleurs, d'éloigner autant que possible
les occasions de se voir.

Geneviève, étonnée et froissée de l'abandon
de sa nouvelle amie, s'était jetée dans les bras
de Marthe, en lui demandant pardon de l'avoir
négligée pour une *ingrate*. Le raccommode-
ment une fois opéré, ma fille avait repris sa
sérénité, et son affection pour Geneviève ne
s'était point ressentie de ce léger nuage.

Pour amuser ces enfants, qui devenaient
grandes, il fallut bien se décider à apporter
quelque variété dans leurs plaisirs. La gaieté
est pour tous une excellente condition de santé.
A plus forte raison est-elle nécessaire aux jeunes. Les années, les douleurs, les maladies,

viennent assez tôt assombrir l'humeur. Laissons nos enfants s'épanouir dans la gaieté de leur âge et, tout en leur demandant la somme de travail qu'ils doivent fournir, tâchons de leur donner des distractions. Évidemment, ces distractions ne peuvent se déterminer puisqu'elles dépendent des circonstances, de la position, de la fortune des parents. Pour ceux que leurs occupations retiennent ou que leurs modestes revenus obligent à l'économie, une promenade au Jardin des plantes, une visite dans les musées, sont un but qu'ils peuvent choisir pour amuser leurs enfants. L'explication des tableaux, l'histoire naturelle mise à leur portée, la leçon de botanique dans les promenades du dimanche, l'été, tout cela constitue un plaisir peu coûteux et utile.

Lorsqu'on peut dépenser un peu plus, les concerts et les matinées théâtrales offrent des ressources variées en hiver. Sans abuser du spectacle, qui n'est pas selon moi un plaisir d'enfants, je pense qu'on peut mener des fillettes de treize à quatorze ans à certaines matinées classiques où elles entendent de beaux vers ; ou encore à quelque féerie, composée exclusivement pour la jeunesse.

Les concerts à grand orchestre, aujourd'hui

si populaires, sont un plaisir très profitable. Ils familiarisent l'oreille des jeunes musiciennes avec la musique des maîtres, et forment leur goût tout en les amusant. Ces concerts populaires ont d'ailleurs l'avantage d'être accessibles à toutes les bourses, le prix des places étant des plus modestes.

Mais, je le répète, il est des plaisirs qui ne coûtent rien et qu'on peut toujours procurer aux enfants. Paris renferme des merveilles en musées de tout genre, et il est peu de villes de province qui ne possèdent des curiosités archéologiques. Le talent des parents consiste à présenter les choses sous un aspect intéressant, et à habituer les enfants à se contenter de peu.

Le secret du bonheur est là.

Nous étions convenues avec Mme Émery que, tous les dimanches, les enfants se réuniraient soit chez elle, soit chez moi. Selon le temps, on les mènerait à la promenade ou au concert. On garderait le théâtre pour les grandes occasions. Les jours où les parents désireraient, à leur tour, prendre un congé, les enfants se contenteraient d'être ensemble. Un goûter couperait alors la journée.

Ce plan fut exécuté à la lettre tout l'hiver.

Pour le 25 décembre, j'organisai un arbre de Noël. Je réunis à cette occasion tous les enfants de ma connaissance : la famille Blavet, Mme Humbert et Rose, les trois demoiselles Émery et d'autres compagnes de cours de ma fille, avec leurs frères et sœurs. Je laisse à penser quelle fut la joie de Marthe pendant les jours qui précédèrent cette fête, et qui furent consacrés à l'arrangement de tous les petits présents destinés aux invités. Le travail s'en ressentit un peu ; mais, à cette époque de l'année, il est difficile de ne pas donner aux enfants un peu plus de liberté. Je devinais, d'ailleurs, que Marthe complotait quelque chose : il devait s'agir d'une surprise préparée pour le jour de l'an. Les parents doivent paraître touchés de ces attentions, qui développent chez les enfants le sentiment de l'affectuosité ; on double leur plaisir en leur laissant croire qu'on n'a pas pénétré leur secret. Le grand jour arriva enfin. Les invitations étaient faites pour deux heures ; mais nous ne pûmes commencer le tirage des lots que vers trois heures, en raison de l'inexactitude de la plupart des invités. Je blâme en toute occasion cette habitude qu'ont tant de personnes de se faire attendre. Il en est qui le font par genre, d'autres par négligence. La bonne éducation veut, lorsqu'on a accepté une invitation, qu'on s'y rende exactement.

Après la distribution des lots, on goûta. Parmi ces fillettes, il en était que je recevais pour la première fois : Mlles Dubois, par exemple, deux sœurs dont l'aînée avait dix-huit ans. C'étaient d'anciennes élèves du cours, des jeunes filles très bien élevées, et qu'il m'était agréable de donner comme amies à Marthe. Par malheur, l'une d'elles était contrefaite, mais sa bonté rachetait ce défaut physique. Avec beaucoup de grâce, elle s'offrit à faire danser et joua une farandole. Cette matinée se termina donc gaiement et fut pendant plusieurs jours le sujet des conversations de ces demoiselles.

Malgré tout mon désir de leur laisser leur liberté de penser, je dus intervenir à propos d'un entretien auquel j'assistai.

— Très amusante la farandole ! Oh ! nous la danserons encore, n'est-ce pas ? disait Hélène. Moi, d'abord, ça me transporte à Arles.

— Toujours poétique, cette Hélène, s'écria Juliette en riant, presque aussi poétique qu'Aline Dubois.

— Aussi poétique, mais moins bossue, reprit Marthe, imitant la démarche défectueuse de Mlle Dubois. Est-ce bien cela ?

Et les autres de rire de tout cœur.

Marthe redoublait d'entrain et arrivait vraiment à bien singer cette pauvre fille.

La gaieté était à son comble ; je les entendais de la chambre voisine, où je me tenais. Mon apparition jeta un froid.

— Est-ce bien toi, Marthe, qui te moques ainsi d'Aline, d'Aline si bonne et si à plaindre ! Crois-tu que ce soit bien drôle de rire d'une pareille infirmité ; ce n'est pas le fait d'une fille de cœur, et je suis profondément peinée de te voir de pareilles dispositions. Sais-tu ce qu'Aline me disait justement de toi l'autre jour ? Elle me disait : « Ce que j'aime en Marthe, ce n'est pas seulement sa grâce et sa jolie figure, mais c'est surtout son esprit de bienveillance et sa bonté. »

Ces paroles, dites d'un air sévère, calmèrent instantanément l'entrain général ; tous ces jeunes visages prirent une expression sérieuse, et Juliette déclara qu'elle avait eu tort d'encourager Marthe dans ses railleries. Plus confuse que les autres, ma fille restait debout, les yeux baissés. Elle n'osait pas venir m'embrasser, sentant que j'étais réellement fâchée. Je ne voulus point la tirer d'embarras et je sortis sans la regarder.

Témoigner de la froideur à une enfant sensi-

7

ble est un genre de punition très efficace. J'étais bien décidée à ne pas tolérer chez Marthe ce défaut, que possèdent beaucoup de jeunes filles, de contrefaire les gens et de se moquer des imperfections d'autrui. Ce talent de saisir le côté ridicule de chacun passe, aux yeux de certaines personnes, pour une preuve d'intelligence. On rit de cela, et l'on a tort. La moquerie dessèche le cœur et tue l'esprit de charité.

Il est bien difficile qu'une enfant moqueuse devienne une femme bienveillante et bonne; c'est pourquoi je voulais étouffer dès le principe les germes d'un défaut qui est encore plus nuisible à soi qu'à ceux qu'il vise. Les gens railleurs peuvent être amusants, mais ils ne sont jamais aimés.

Je me rappelle qu'arrivant un jour chez une dame, où il y avait déjà quelques personnes, je trouvai toute la société qui s'esclafait de rire. On me mit au courant. Il s'agissait des personnes qui venaient de s'en aller, et dont la fille de la maison énumérait les travers et les ridicules avec une verve endiablée. On applaudissait et l'on faisait chorus. « Qu'elle est amusante ! Qu'elle a d'esprit ! Vous avez une fille charmante », disait-on tour à tour à la mère, enchantée du succès de cette enfant qu'elle aimait et qu'elle perdait inconsciemment.

Je partis et, dans l'escalier, je saisis des bribes de phrases, venant de ceux-là mêmes qui exaltaient, quelques minutes plus tôt, le talent de la jeune fille.

— Quelle peste !

— Comme elle arrange bien ses amis !

— C'est nous qui devons servir de cible en ce moment !

— Comment peut-on élever une enfant de la sorte !

— Si Mme X... croit qu'elle mariera sa fille !

Etc., etc. Autant de bons mots, autant d'ennemis.

Que de gens sacrifient un ami à un trait d'esprit ! Et cela sans méchanceté, tout simplement par intempérance de langue. On prend aisément l'habitude de voir d'abord le côté faible des gens, sans s'arrêter aux bonnes qualités qu'ils peuvent avoir. C'est justement l'opposé qu'il faudrait faire, et c'est ce principe de bienveillance qu'une mère doit prêcher à ses enfants ; il faut qu'elle leur en donne l'exemple elle-même par son indulgence envers ses amis. Je ne saurais trop répéter que l'*exemple* est la plus profitable des leçons.

Je désapprouve également la moquerie en famille. Sans avoir autant de gravité qu'envers les étrangers, cette moquerie entre frères et sœurs offre cependant un danger, celui de décourager les timides et de les arrêter parfois dans leur essor.

J'ai connu une femme douée d'une voix superbe qui n'a jamais voulu chanter devant personne, parce que, dans sa jeunesse, ses sœurs se moquaient d'elle lorsqu'elle fredonnait une romance. Sa mère, elle-même, s'était rendue complice de ses filles aînées, en riant des premiers essais de l'enfant. Plus tard, la jeune fille avait voulu recommencer l'épreuve ; mais l'habitude était prise, on continua à railler la pauvre Laure. L'une disait que sa voix chevrotait ; l'autre, qu'elle était à côté du ton ; la troisième, qu'elle était caverneuse ; la mère brochait sur le tout, en faisant quelque remarque piquante. Bref, Laure, dont la timidité dégénéra en sauvagerie, cessa tout à fait de chanter, et devint en toutes choses si réservée et si froide qu'elle passa toujours dans le monde pour une personne maussade.

Une circonstance fortuite me fit découvrir la vérité sur cette nature méconnue. Ses sœurs brillamment casées, on avait songé à la marier à son tour. Un honnête garçon dans une position modeste s'était présenté pour elle. Soit qu'elle lui plût par la douceur de son visage, ou qu'il devinât que cette réserve cachait une âme sensible, toujours est-il qu'il l'aima et qu'il l'épousa.

J'arrivai chez elle un jour qui n'était pas *le sien*. Je passais devant sa porte et, la traitant un peu comme tout le monde, en personne sans conséquence, je pensai que ma visite, pour n'être point officielle, compterait cependant.

Dès l'antichambre, je m'arrêtai, charmée par les sons d'une voix délicieusement timbrée. On chantait une célèbre mélodie de Gounod, et je ne savais lequel admirer le plus, de la voix ou du talent de la chanteuse. Au bruit des pas de la servante qui s'approchait pour m'introduire au salon, le chant cessa brusquement, laissant la phrase interrompue. Et, lorsque j'entrai, Laure, assise près de sa cheminée, feuilletait un livre, qu'elle venait de saisir pour se donner une contenance.

— Pourquoi n'avez-vous pas continué ? lui dis-je. Vous chantiez... et je vous dérange.

— Mais pas du tout, me répondit-elle, un peu embarrassée. Je ne sais pas chanter. J'essayais quelque chose, en attendant le retour de mon mari : une mélodie que j'ai entendue hier...

— Voulez-vous la redire pour moi, ma chère enfant? vous avez une voix charmante, que je serais très heureuse d'entendre mieux que je n'ai pu le faire de l'antichambre...

— Eh quoi! madame, vous m'avez écoutée, balbutia-t-elle en rougissant. Ah! si j'avais su! Pardonnez-moi de vous refuser, mais il m'est absolument impossible de chanter devant quelqu'un. Lorsque j'ai conscience d'être écoutée, ma voix s'étrangle, et je ne puis plus en tirer un son. Cela vient de loin, ajouta-t-elle en souriant.

Et elle m'expliqua la cause de cette insurmontable timidité, de cette défiance de soi, sans accuser d'autre personne qu'elle-même.

— Je sais combien je suis ridicule, dit-elle en terminant ce qu'elle appelait sa confession; je passe pour être insociable, et je ne suis au fond que timide et craintive à l'excès.

Je suis partie de chez cette jeune femme, que je venais seulement de juger pour ce qu'elle valait, avec un sentiment de colère contre ceux qui, par leurs railleries, arrêtent le développement des facultés d'une créature humaine.

L'ironie, qui tient encore de la moquerie, est un moyen qu'emploient certains professeurs et certaines mères pour reprendre et enseigner les enfants.

Ce système a pour résultat de mortifier l'élève et d'arrêter son élan.

Règle générale : il faut être *bienveillant* et *sérieux* avec les enfants, lorsqu'il s'agit de les faire travailler ou de les réprimander.

Après le départ de ses petites amies, Marthe vint me trouver, comme elle avait coutume de le faire quand sa conscience lui reprochait quelque chose.

Je lisais, assise au coin du feu. Elle se mit près de moi, posa sa tête sur mes genoux, et se faisant câline :

— Embrassez-moi, mère, fit-elle, et dites que vous n'êtes plus fâchée.

J'embrassai ma fille, car je jugeais que la punition avait duré assez longtemps, et je la fis réfléchir sur son défaut d'indulgence. Elle me promit de se surveiller.

— Je vous assure, maman, que je ne suis pas aussi coupable que je le parais. Si je trouve une chose drôle, cela me fait rire malgré moi, et puis j'en parle sans réfléchir et pour m'amuser.

— Je pense bien, ma chère petite, que tu n'es pas méchante avec préméditation. Mais cela ne suffit pas. Si tu découvres chez une personne quelconque un défaut, un travers, un ridicule, et que tu gardes cela pour toi, il n'y a rien à dire ; si ce n'est qu'il vaudrait mieux t'observer toi-même que d'observer si bien ton prochain. Mais si tu ajoutes à cela une réflexion malveillante, si drôle qu'elle puisse être, tu cesses d'être bonne et tu t'exposes à faire de la peine à ceux dont tu te moques. Les choses désagréables parviennent presque toujours aux oreilles des personnes intéressées, ne l'oublie pas. Une jeune fille qui se fait une réputation de *mauvaise langue* est crainte et haïe de tous. J'espère que cela te fera réfléchir et que, désormais, tu ne te laisseras plus aller à ta verve comique pour ridiculiser une amie !

CHAPITRE IX

Le jour de l'an. — Régler et écrire ses dépenses. — Les personnes les plus généreuses sont celles qui ont le plus d'ordre.
— Le plaisir lasse. — Une nouvelle amie. — Inconvénient
des manières mondaines chez une fillette.

Le jour de l'an est un grand jour pour les
enfants. Ils vivent d'abord dans l'espérance de
ce qu'il leur apportera, puis ensuite dans le
souvenir de ce qu'ils ont reçu. Dès la veille,
tout était bouleversé à la maison. Les petites
Émery allaient et venaient, affairées, prépa-
rant leurs cadeaux pour leur mère. De son
côté, Marthe disparaissait avec son air mysté-
rieux pour travailler à sa surprise.

Je laissais faire, bien entendu, et ne m'aper-
cevais de rien. Tous mes petits paquets étaient
en ordre pour le lendemain. J'avais consulté
le goût de chacune de mes petites amies, sans
qu'elles s'en doutassent, et elles trouveraient
les objets qu'elles désiraient.

Quant à Marthe, je lui avais promis depuis
longtemps une étagère pour ses livres. Je la
fis placer dans sa chambre pendant son som-

meil, afin qu'elle la vît en se réveillant. J'y joignis un buvard et un porte-monnaie en cuir du Levant, avec son chiffre en argent.

Elle accourut le lendemain dans ma chambre, de grand matin, et me souhaita la bonne année avec cet air d'épanouissement joyeux qui est si doux au cœur d'une mère. Elle était ravie de ses étrennes et surtout de la *surprise* qu'elle m'avait faite et qu'elle m'apportait, sous la forme d'un écran en tapisserie.

Je remerciai la chère enfant et lui dis combien il m'était agréable de recevoir son présent qui me prouvait qu'elle avait pensé à moi.

— M¹¹ᵉ Langlois a été bien bonne; c'est elle qui m'a préparé ce petit ouvrage pour vous, maman; aussi je voudrais bien lui faire un cadeau. Voulez-vous me le permettre?

— Tu sais que je lui offre toujours un souvenir à l'occasion du premier de l'an. C'est une attention qu'on doit avoir pour les professeurs, dont on ne peut assez reconnaître le dévouement. Je t'approuve donc absolument de vouloir y joindre ton souvenir personnel.

— Mais, maman, c'est que je n'ai plus d'argent, et je ne sais comment faire !

Marthe avait sa bourse. Je lui donnais deux francs par semaine, et je profitais des occasions qui se présentaient pour augmenter son pécule. Un examen satisfaisant, un travail assidu, une bonne place au cours, tout me servait de prétexte pour lui donner un encouragement. Ses économies passaient généralement en cadeaux, qu'elle se plaisait à faire aux uns et aux autres. J'étais trop heureuse de ces dispositions pour en arrêter l'élan. Mais, comme il faut de l'ordre en tout, même dans la générosité, je pensai qu'il était temps de l'habituer à compter.

— Je vais, ma chérie, t'aider à sortir d'embarras en *t'avançant* une petite somme sur l'argent de tes *semaines*. Voici un petit livre sur lequel tu inscriras tes dépenses et tes recettes. A la fin du mois, tu additionneras les unes et les autres, et tu te rendras compte de ce que tu as fait. En t'accoutumant de bonne heure à équilibrer ton budget — c'est-à-dire à ne pas dépenser plus d'argent que tu n'en as — tu te sauves dans l'avenir bien des difficultés, bien des embarras que tu me sauras gré de t'avoir épargnés.

Ce moyen est, en effet, un des meilleurs pour donner de l'ordre aux enfants. En imposant à une fillette son propre contrôle, on l'habitue à réfléchir, à connaître la valeur de l'argent et à régler sa dépense. J'ai toujours remarqué que les personnes les plus généreuses sont celles qui ont le plus d'ordre. On peut à la fois lésiner et prodiguer.

Les gens prodigues jettent l'argent sans compter, lorsqu'il s'agit de satisfaire leur vanité ou leurs caprices.

Telle personne s'inscrira pour une forte somme en tête d'une œuvre de bienfaisance patronnée par de grands noms, qui refusera de faire une aumône secrète. Telle autre qui fera, pour un bijou, pour un bibelot, pour un tableau à son goût, de folles dépenses ne pensera pas à soulager une misère ; celle-ci achètera à tort et à travers, pour elle-même, tout ce qui frappera ses yeux, sans jamais songer à offrir à une amie un objet quelconque, comme souvenir ; celle-là rognera sur les gages des domestiques, des employés, sur les pourboires, chose consacrée par l'usage, et donnera des fêtes qui feront parler d'elle.

La vanité, l'égoïsme, sont le mobile de ces actes. Il est juste de dire que les natures prodigues ne sont pas exclusivement égoïstes ou vaniteuses. Il en est qui se ruinent tout simplement par désordre, qui gaspillent sans réflexion leur argent et celui de leurs enfants. Cette prodigalité *innocente*, si je puis dire, et qui a ses degrés selon la position de fortune qu'on occupe dans la société, est, à mon avis, la plus dangereuse. C'est contre celle-là que je voulais prémunir Marthe.

Combien voit-on de jeunes femmes, dont les maris s'épuisent à travailler pour subvenir aux frais du ménage et qui, de leur côté, dépensent, sans compter, un argent si laborieusement acquis !

Ce sont celles-là, par exemple, qui, de la meilleure foi du monde, s'imaginent qu'elles économisent en courant les magasins qu'elles dévalisent, sous prétexte de profiter des *occasions*. Cette *inconscience* peut les mener loin, le désordre étant la source de bien des malheurs. Le devoir d'une mère prévoyante est donc d'habituer sa fille — dès que celle-ci a atteint l'âge de raison — à savoir proportionner sa dépense à son revenu, et à ne point obéir à toutes ses fantaisies.

Le premier de l'an fut pour Marthe une journée complète. Nous devions dîner chez M. et Mme Émery. Mlles Émery vinrent me souhaiter la bonne année et me demandèrent d'emmener ma fille. Je ne voulus point leur refuser ce plaisir, et lorsque j'allai les rejoindre

à sept heures, je les trouvai entourées de plusieurs petites amies, qui étaient venues ren-
forcer le groupe joyeux. Le chapitre des
étrennes fit le fond d'une conversation très
animée entre toutes ces fillettes, dont la gaieté
et le naturel étaient charmants à voir.

— Ah! maman, que je me suis amusée! me
dit Marthe en rentrant. Quel dommage que ce
ne soit pas tous les jours le premier de l'an!

— Si tous les jours ressemblaient à celui-ci,
ma chérie, tu en aurais bien vite assez. Tu ne
t'es amusée autant que parce que tu as désiré
et attendu longtemps ce jour; le plaisir, vois-
tu, c'est l'exception dans la vie; je ne prétends
pas toutefois que ce soit mauvais de s'amuser
lorsque le travail n'en souffre pas.

La physionomie de Marthe me révéla qu'elle
n'était pas convaincue. Son respect seul l'empêchait de discuter. Je jugeai qu'il fallait couper court à mon sermon et le mettre en pratique.

Profitant des vacances du jour de l'an, je
laissai ma fille absolument libre de s'amuser et
de faire ce qu'elle voulait. Je ne m'en occupais
nullement, mais je la surveillais sans qu'elle
s'en doutât. Le premier jour, tout alla très
bien. Elle jouait, elle riait, elle courait, très

heureuse de sa liberté, gaie comme un oiseau échappé de sa cage. Mais, après la première semaine, elle donna quelques signes de lassitude, et elle commença à tourmenter les domestiques. J'avais donné le mot à Marianne qui, toujours affairée, ne trouvait pas un instant pour l'amuser. Enfin, les vacances écoulées, Marthe vint à moi très gentiment :

— Vous aviez raison, maman, me dit-elle, c'est ennuyeux de toujours s'amuser.

A quelque temps de là, le cercle de Marthe s'augmenta d'une amie. Une parente éloignée de mon mari, qui habitait Lille depuis des années, vint se fixer à Paris avec son mari et sa fille, Jacqueline. M. Lemonnier, grand industriel lillois, après avoir réalisé une fortune considérable, venait enfin de céder aux instances de sa femme dont les goûts ne s'étaient jamais accommodés de la vie de province. Sans connaître intimement Mme Lemonnier, je l'avais vue assez pour comprendre qu'elle aspirait à prendre dans la société parisienne le rang que lui assuraient sa beauté et sa richesse.

Son rêve se réalisait. Elle avait trouvé à acheter tout meublé, dès son arrivée, un hôtel situé dans le quartier élégant, près la place de l'Étoile, dans lequel le caprice d'une jolie femme s'était plu à entasser les objets de luxe les plus fantastiques.

On y voyait réunis des spécimens de toutes les époques, depuis Dagobert jusqu'à nos jours; dans le salon principal, une glace Renaissance au-dessus d'un canapé Louis XVI, des chaises dorées autour d'une splendide table de chêne, une profusion de figures de Saxe sur des crédences gothiques et l'inévitable chevalet drapé de peluche rouge et bleue. Le tapis d'Aubusson était à moitié caché par des carpettes de Smyrne. C'était, en un mot, l'expression fidèle du mauvais goût de notre temps.

A travers une large baie, on apercevait un petit salon tendu de satin rose, qui renfermait tout un assortiment de chinoiseries. Le mobilier des autres pièces, sous prétexte d'éclectisme, était aussi disparate, et il n'eût pas été difficile de deviner le caractère de la personne qui avait imaginé un pareil chaos.

Dès son arrivée, Mme Lemonnier voulut inaugurer ses salons. Elle lança des invitations dans le monde financier, dans le monde des arts et dans le noble faubourg.

Je m'étonnais un peu de n'avoir pas été oubliée dans le nombre des invités ; ma position modeste, mon goût pour la retraite différaient tellement de la situation de la brillante Mme Lemonnier que j'eusse trouvé cette omission naturelle. La visite qu'elle me fit et dans laquelle elle m'exprima le plus vif désir de resserrer nos relations longtemps interrompues, me mit dans la nécessité de répondre à ses avances. J'allai seule à cette soirée.

Tout Paris s'y trouvait. Cette fête suffit pour classer Mme Lemonnier parmi les grandes mondaines. Elle me demanda de lui présenter Marthe et m'amena d'abord sa fille. Jacqueline me parut une enfant tout à fait séduisante. De manières affectueuses et ouvertes, elle avait un visage qui prévenait en sa faveur.

Marthe était absente lorsqu'elle vint. Elle me témoigna avec beaucoup de grâce le désir de connaître ma fille et de devenir son amie.

Puis, en prenant congé, elle m'embrassa en me priant, puisque j'étais sa parente, de la tutoyer à l'avenir. Je lui promis de lui mener Marthe la semaine suivante, bien aise en somme de rapprocher ces deux enfants, dont l'âge était à peu près le même.

J'avais oublié de demander à Mme Lemonnier

quel était son jour, de sorte que je me présentai chez elle deux ou trois fois sans la rencontrer. On me dit que mademoiselle était sortie de son côté avec sa gouvernante.

Marthe enthousiasmée de sa cousine, dont je lui avais fait le portrait, commençait à se désoler de ne pas la connaître.

Enfin, un beau jour, Jacqueline tomba chez nous avec son Anglaise.

— Madame, me dit-elle avec sa grâce aisée, je viens vous faire ma visite moi-même; car, s'il avait fallu attendre ma mère, je ne serais pas venue de longtemps. Nous sommes vraiment débordées depuis notre 'arrivée. Ah ! mon Dieu, c'est charmant le monde, et je m'amuse beaucoup à Paris. Présentez-moi, je vous prie, madame, à votre chère Marthe.

Celle-ci, un peu intimidée, la regardait avec une admiration naïve : elle avait de si jolies manières, et elle était si bien mise !

Une toilette exquise, en effet. Sa taille encore enfantine était serrée dans un fourreau de velours loutre ; sur ses beaux cheveux blonds était placé un grand feutre également loutre, garni de plumes rose-crevettes. Un col Rembrandt en vieux point de Venise et de longs gants de Suède complétaient l'ensemble de cette toilette, dernière création d'une grande couturière.

J'imaginai, pour rompre la glace entre ces deux enfants, de garder Jacqueline à dîner. Mais il me fallait le consentement de ses parents. Je lui offris donc d'envoyer chez sa mère ma vieille Marianne.

— Oh ! ne prenez pas cette peine, madame, me dit-elle, c'est tout à fait inutile. J'accepte avec grand plaisir votre aimable invitation. Je vais faire prévenir ma mère par Miss.

Je demeurai confondue. Je n'avais aucune idée d'une telle indépendance chez une jeune fille de cet âge.

— Ne crains-tu pas, ma petite Jacqueline, de déplaire à tes parents? Si, par hasard, ils avaient quelqu'un à dîner, et qu'ils comptassent sur toi ?

— N'ayez aucune crainte, madame. Ma mère n'a pas besoin de moi pour faire les honneurs de sa maison, et elle me laisse parfaitement libre d'aller où je veux.

Miss partit aussitôt. Je m'amusai beaucoup à observer Jacqueline, dont le babil fut étourdissant. Elle passa en revue toutes les amies de sa mère, ses nouvelles connaissances, fit de la vie qu'elle menait à Lille un tableau comique, et finit par un éloge exalté de Paris.

— A la bonne heure, ici, les journées passent vite. Elles ne ressemblent pas à celles de là-bas, qui étaient réglées comme une horloge ; il y a de l'imprévu, on ne sait jamais le matin ce que l'on fera le soir. C'est charmant. Ainsi, madame, je ne me doutais pas, il y a quelques heures, que j'aurais le plaisir de dîner chez vous avec ma chère Marthe, que j'aime déjà comme si je la connaissais depuis vingt ans, et cela est vraiment délicieux.

Et elle débitait toutes ces phrases, qu'elle avait entendues et retenues, avec son aisance de petite femme et son regard ingénu d'enfant.

— Et ton instruction, ma petite Jacqueline, que devient-elle au milieu de ce tourbillon parisien ?

— Oh ! madame, il y a temps pour tout. Je travaille… pas beaucoup, fit-elle en riant, parce que cela m'ennuie, mais je travaille lorsqu'il s'agit d'apprendre quelque chose qui me plaît. Ainsi la danse, qui est un art très sérieux, comme le dit mon maître, M. Petipas, eh bien, je la pratique consciencieusement. Je vais à toutes les réunions dansantes, et là, avec des jeunes filles et des jeunes gens du monde, j'étudie les danses nouvelles. Ce n'est pas tou-

jours facile, je vous assure, mais ça m'amuse ;
et puis, maman dit que cela donne de la grâce
et de l'aisance aux mouvements. Il faut bien
faire quelque chose pour le monde...

— Mais, ma chère petite, la danse, ce n'est
pas tout. Je suppose que tu apprends encore
autre chose ?

— Certainement, madame. J'ai un professeur de musique, un professeur de dessin, un
professeur de français et un professeur d'allemand, mais je les ai mis au pas. Ils savent
qu'ils sont là pour la forme et que je suis décidée à ne point travailler pour eux. D'ailleurs,
mes parents ne l'exigent pas. Ils sont si bons !
papa est à genoux devant moi, et maman a bien
autre chose à faire que de me gronder. Elle disait encore ce matin qu'elle ne savait comment
elle arriverait à mener tout de front : les bals, les
dîners, les spectacles, les visites et les stations
chez les couturières et autres fournisseurs.
C'est à en perdre la tête ! Comment voulez-vous
qu'il lui reste le temps de s'occuper de moi !

Je ne sais si mon visage traduisit le sentiment de pitié qui remplit mon cœur pour cette
pauvre petite abandonnée, dont une coupable
incurie faussait ainsi les idées, mais elle reprit
avec quelque vivacité :

— Oh! je suis très contente d'être libre. Miss est à mes ordres. Je commande, elle obéit. De sorte qu'il n'y a jamais aucune discussion entre nous. Elle sait bien d'ailleurs que, si elle me fâchait, je la ferais renvoyer, et elle tient à sa place.

— Pauvre créature! quelle triste condition que celle de gouvernante, dis-je, écœurée de tout ce que je venais d'entendre.

— Ne plaignez pas trop *miss*, fit Jacqueline un peu interloquée; je vous assure, madame, que je ne suis pas méchante, et que je ne la rends pas malheureuse.

Et, en effet, la bonté était peinte dans ces yeux souriants, qui voyaient la vie à travers le voile d'une ignorante jeunesse.

— Quel réveil, plus tard! pensai-je; quel avenir prépare-t-on à cette enfant qui croit que le *bon plaisir* est la seule règle de l'existence! Quelle force opposera-t-elle aux peines, aux difficultés qui l'attendent; elle qui ne saurait même pas aujourd'hui résister à un de ses caprices!

Sans se rendre compte des causes qui rendaient Jacqueline si différente d'elle-même, Marthe comprenait qu'elles ne parlaient pas la même langue. Plus enfant et plus sérieuse à la fois que Jacqueline, ma fille restait, en face d'elle, un peu guindée, incapable de faire sa partie dans un dialogue de ce genre, et n'osant parler de jeu à une personne aussi *imposante*.

— Montre donc à Jacqueline les albums de botanique que t'a donnés M. Émery; je suis sûre que cela l'amusera.

Saisissant avec empressement mon idée, Marthe alla chercher tous ses livres d'histoire naturelle et s'installa avec Jacqueline devant une table.

Elles feuilletèrent ensemble les pages de plusieurs volumes, Jacqueline questionnant, à tort et à travers, sans attendre les réponses de Marthe, qui se croisaient avec de nouvelles questions.

Tout à coup elle se leva.

— C'est vraiment très intéressant, fit-elle en dissimulant un bâillement, mais je crois que Miss perd la tête. Je lui avais dit d'être ici à neuf heures et...

La pendule sonnant au même moment, elle tourna la tête et s'arrêta brusquement.

— Tiens, dit-elle naïvement, je croyais qu'il était plus tard.

En esclave du devoir, l'Anglaise arriva fort

exactement. Jacqueline mit aussitôt son chapeau et ses gants, et venant à moi :

— Merci, madame, de la charmante soirée que vous m'avez fait passer, me dit-elle, comme un petit perroquet bien appris.

Puis soudain, oubliant son rôle, elle me sauta au cou.

— Adieu, Marthe, fit-elle ensuite. Je reviendrai bientôt, et puis toi aussi tu viendras dîner avec moi, n'est-ce pas ?

Ma fille m'interrogea du regard. Elle savait si bien qu'une enfant n'a pas le droit de disposer d'elle qu'elle attendait ma réponse.

— Sans doute, elle ira... un peu plus tard, dis-je évasivement ; ce sera bien de l'embarras pour ta mère...

— Oh ! mais c'est moi qui l'invite...

— Oui, fis-je en souriant, mais c'est ta mère qui la reçoit, et il faut au moins lui demander son avis.

Jacqueline allait répliquer, mais elle se ravisa.

— Je le demanderai à maman, pour vous faire plaisir, madame.

Et, m'embrassant encore, elle partit.

CHAPITRE X

LE DÉVELOPPEMENT DES SENTIMENTS SÉRIEUX.

A mesure que la raison d'une jeune fille se développe, il faut
y semer les germes des sentiments sérieux. — On ne doit
pas laisser croire à une enfant qu'elle est mieux élevée que
toutes ses compagnes. — Trop de contrainte engendre la
dissimulation.

Lorsque nous fûmes seules, je remarquai
que Marthe avait sa physionomie des heures
de trouble. Elle demeurait silencieuse, distraite,
se déshabillant sans même songer à ranger ses
affaires comme de coutume.

— Qu'est-ce que tu as, ma chérie, je ne t'ai
jamais vue si grave ?

— Mon Dieu, maman, je vais vous expliquer : je pensais à Jacqueline, et je me deman-
dais pourquoi, tout en la trouvant charmante,
je me sens si gênée avec elle, et pourquoi elle
m'attire et m'intimide à la fois. Les autres petites filles que je connais ne m'ont jamais produit cette impression. Est-ce que c'est ma
faute, maman, ou la sienne ?

Quoique je désapprouve en principe les mères
qui habituent leurs filles à juger leurs compa-

gnes, il m'était impossible de laisser Marthe dans le doute. Il me fallut lui démontrer que l'éducation de Jacqueline était la cause de tout; que cette pauvre petite, d'un excellent naturel, n'était pas seulement une enfant gâtée, mais une enfant entièrement livrée à elle-même, sortie de sa situation normale, et parodiant à son insu les gestes et le langage des femmes qu'elle voyait dans le salon de sa mère; je dus, ainsi que me le dictait ma conscience, mettre tous les torts sur le compte des parents, à qui incombe la tâche de guider les enfants et de leur donner l'impulsion journalière.

Je fis comprendre à Marthe que cette gêne qu'elle avait éprouvée auprès de Jacqueline venait de ce que celle-ci n'avait ni les allures ni les goûts d'une fillette de son âge; que ses idées sur toutes choses étaient faussées par l'indépendance qu'on lui accordait et par l'insuffisance de son jugement. Je profitai de l'occasion pour prouver à ma fille que, sans la direction et la surveillance de sa mère, une enfant ne peut avoir une notion exacte de ce qu'est la vie : de ses phases, de ses devoirs; que Jacqueline, avec son intelligence enfantine, tranchait des questions au-dessus de sa portée; et que si cette mauvaise éducation lui avait fait perdre la grâce naïve d'une enfant, il était à craindre que plus tard elle n'en fît une femme frivole et sans valeur.

Marthe comprenait mieux, sans doute, la première partie de mon discours. Cette perspective d'être une femme distinguée et sérieuse ne peut toucher beaucoup l'esprit d'une enfant. Mais je savais que plus tard ma fille reconnaîtrait la vérité de mon assertion. Il m'importait d'ailleurs de la prémunir contre les avantages trompeurs de l'indépendance dont jouissait sa cousine.

L'argument de Jacqueline pour se dispenser de tout ce qui l'ennuyait était simple. Elle disait : « Cela m'ennuie », et tout était fini.

Que d'enfants en diraient autant, si une mère vigilante n'était là pour leur apprendre que le plaisir n'est pas le but de la vie ! C'est une diversion qu'on rencontre, qu'on cherche même, comme repos ; mais ce n'est qu'une diversion.

Loin de moi la pensée d'imposer à la jeunesse une austérité qui ne lui convient pas. Mais, à mesure que la raison d'une enfant se développe, il est indispensable d'y semer les germes des sentiments sérieux. L'existence trop douce, les distractions trop faciles engendrent la mollesse. Il faut de bonne heure inculquer à l'enfant l'idée du devoir et la nécessité du travail. La préserver de toute privation, de toute contrariété, c'est lui préparer une existence semée de mécomptes. Si, au contraire, on l'habitue peu à peu aux efforts, à la lutte, on lui donne la conscience de sa force, et la force est aussi nécessaire à la femme qu'à l'homme.

« On ne sait jamais, dit Mme Guizot, tout ce que peuvent les enfants jusqu'à ce qu'ils aient exercé leurs forces ; ils pourront l'ignorer toute leur vie, si l'habitude des jouissances trop faciles les a dispensés de rechercher en eux-mêmes et jusqu'au fond de leur pensée ce qu'ils avaient de moyens pour les obtenir ou s'en passer… Les mères qui ne sont pas chargées de faire sentir à leurs enfants les rudesses de la vie, ont cependant pour mission de les y préparer. »

On doit donc ne pas gâter une enfant en lui donnant une éducation qui affaiblisse son âme et son corps.

Il faut développer en elle l'énergie morale, en l'habituant à placer le devoir avant tout. Il faut aussi, à mesure que ses forces physiques augmentent, l'accoutumer à les exercer ; à ne point toujours compter sur ceux qui l'entourent et à savoir tirer parti d'elle-même.

Mais, je le répète, tout cela doit se faire petit à petit, graduellement, et sans que l'enfant s'aperçoive qu'on la sermonne sous une forme déguisée. De même, tout raisonnement qui est au-dessus de la portée d'une enfant manque son but : il pèse sans profit sur son intelligence.

J'ai donc toujours essayé de proportionner les leçons à l'âge et à la raison de ma fille, en cherchant à lui donner le sens exact des choses ; les principes généraux ne sont guère compris des enfants qu'autant que les exemples à l'appui leur en démontrent le côté pratique.

Faire ce qu'on appelle de la *morale dans le vide*, prêcher d'une façon abstraite est une chose qui ennuie les enfants et qui leur est parfaitement inutile.

L'impression produite sur Marthe par sa jolie cousine me servit à point pour lui faire toucher du doigt les inconvénients d'une éducation trop libre.

— Que je suis donc heureuse, me dit-elle ingénument, d'avoir une mère qui s'occupe toujours de moi et m'élève si bien !

Ce dernier mot me fit réfléchir ; il me fit craindre que Marthe ne tirât vanité de la bonne éducation que je m'efforçais de lui donner. Je me promis d'être plus circonspecte à l'avenir.

Une enfant qui se croirait, à tort ou à raison, mieux élevée que ses compagnes, prendrait d'elle-même une trop bonne opinion et se donnerait des airs de supériorité qui la rendraient insupportable. J'en conclus donc qu'il est important de ne point critiquer devant sa propre fille les systèmes d'éducation plus ou moins défectueux qu'on observe dans le monde — à moins qu'il n'y ait nécessité absolue de le faire pour le bien de l'enfant.

J'eus, dès le lendemain, à mettre en pratique cette réserve que je voulais m'imposer. C'était un jeudi : jour que j'avais choisi pour recevoir, en raison du demi-congé qu'avait Marthe. Tout en étant d'avis qu'on ne doit point mener une fille dans le monde avant la fin de ses études, c'est-à-dire vers l'âge de dix-sept ou dix-huit ans, je crois nécessaire de l'accoutumer au milieu d'un cercle d'amis, et même d'étrangers, à savoir se tenir, à se mouvoir, à entrer, à sortir, à saluer naturellement et sans gaucherie. Les enfants qu'on tient tout à fait éloignées de la société ne sont point préparées à ce qu'elles doivent y rencontrer, ni à ce qu'elles y doivent être. Il en résulte chez les unes une timidité, une contrainte qui paralyse leurs mouvements, leurs gestes; chez les autres, l'absence d'habitude et de direction produit un effet contraire : elle leur donne l'aplomb de l'ignorance, ce manque de tact qui fait souvent dépasser la mesure.

Marthe s'installait le jeudi dans sa petite salle d'étude avec Geneviève, qui restait à dîner. Je la faisais appeler lorsqu'une de mes amies désirait la voir, et si cette amie avait une fille, Marthe l'emmenait pour jouer ou causer plus librement avec elle.

Ce jour-là, Mme de Champfleur, une connaissance du cours, était venue me rendre visite avec sa fillette. Jeanne, à peu près de l'âge de Marthe, était ce qu'on appelle *un beau brin de fille*. Grande, et un peu trop forte pour ses quatorze ou quinze ans, elle avait cette éclatante blancheur des rousses qui, à elle seule, est une beauté. De manières très aristocratiques et un peu hautaines, Mme de Champfleur stylait sa fille à sa façon. Jeanne s'asseyait dans le salon, froide et compassée, ne répondant que par monosyllabes aux paroles qu'on lui adressait. Elle ressemblait à une jolie poupée articulée, et il eût été bien difficile de lire dans ses yeux, presque toujours baissés, l'expression d'une pensée quelconque.

Je n'avais jamais eu l'occasion de la voir qu'en présence de sa mère, et toujours son attitude correcte et empesée m'avait frappée.

Aussi fus-je bien surprise lorsque, pendant le dîner, Marthe me dit :

— Vous ne croiriez jamais, maman, que Jeanne de Champfleur n'est plus la même personne lorsqu'elle n'est pas devant sa mère. Figurez-vous qu'au lieu de baisser les yeux et de parler tout bas, comme elle fait au salon, elle crie, elle gesticule, elle saute, elle parle *argot*; enfin, on dirait qu'elle veut se dédommager de la contrainte qu'on lui impose. Dites, maman, est-ce que c'est comme cela qu'il faut se tenir dans le monde pour être une jeune fille distinguée ?

La vérité faillit s'échapper de mes lèvres. La critique y venait tout naturellement. Je m'abstins et je pris un biais pour éclairer Marthe, sans dénigrer le système d'éducation qu'employait Mme de Champfleur.

— Ces dames appartiennent à une famille noble qui tient beaucoup aux apparences, lui dis-je. Mme de Champfleur exagère, sans doute, à dessein, les principes généraux de la tenue ; elle recommande à sa fille d'être très réservée, très posée, en raison peut-être du fond qu'elle lui connaît. Tu dis que, dans l'intimité, Jeanne est fort exubérante. Sa mère essaye probablement de la corriger, en lui imposant des manières contraires à sa nature.

— Oh! oui, bien contraires, dit à son tour Geneviève en riant. Si vous saviez, madame, comme Jeanne est drôle et comme elle est diable quand sa mère n'est pas là, vous diriez qu'elle ne profite guère des leçons qu'on lui donne.

— D'abord, reprit Marthe, sa mère ne s'en occupe pas toujours. Jeanne nous disait qu'elle sort la plupart du temps avec Mariette, la femme de chambre, et qu'elle aime bien mieux ça, parce qu'elle peut marcher à sa guise et s'arrêter devant les magasins qui l'attirent.

— Mariette est une bonne fille, à ce qu'il paraît, reprit Geneviève, elle obéit aveuglément à Jeanne et ne la fait jamais gronder par sa mère.

— Et pourquoi la ferait-elle gronder? demandai-je, avec une vague inquiétude de ce qu'avait pu raconter cette enfant, que sa mère confiait si imprudemment à une domestique.

— Ah! voilà, madame; figurez-vous que Mme de Champfleur va dans le monde tous les jours; elle se couche très tard et se lève de même. Jeanne, qui reste à la maison avec Mariette, n'aime pas non plus se coucher de bonne heure. Alors, elle fait comme sa mère : elle lit, elle joue, elle veille, et, le matin, elle reste au lit jusqu'à neuf heures, au lieu de se lever à six heures et demie...

— Et pendant ce temps, dis-je, Mme de Champfleur croit que sa fille travaille et obéit aux instructions qu'elle lui donne?

— Dame! c'est probable.

Ce caractère à double face, que me dévoilaient les réflexions naïves de mes fillettes, m'inspirait peu de sécurité pour l'avenir de Jeanne. Rien n'est plus difficile à diriger qu'un esprit faux ou dissimulé; c'est en ce cas qu'une mère vigilante doit surveiller sa fille avec habileté et savoir être à la fois indulgente et sévère. Lorsqu'elle a affaire à une nature de ce genre, loin d'éviter les occasions où l'enfant pourrait faire paraître ses inclinations, la mère doit au contraire les provoquer, afin de bien connaître celle qu'elle veut éclairer et guider.

C'est là, en effet, le nœud de l'éducation.

Mais, comment Mme de Champfleur aurait-elle pu savoir ce qui se passait dans l'esprit de Jeanne, elle qui ne la voyait jamais qu'avec son masque de petite fille obéissante et réservée!

Après quelques instants de silence, je m'adressai de nouveau à Marthe et à Geneviève :

— Que dites-vous, mes enfants, de la conduite de Jeanne? L'approuvez-vous?

— Oh! non, dirent-elles simultanément.

— Et vous avez raison; Jeanne trompe sa mère pour satisfaire ses goûts et sa paresse, et elle fait de Mariette sa complice, en l'obligeant à dissimuler la vérité à Mme de Champfleur. La cause de cette tromperie n'est pas bien grave en elle-même, mais je tiens à vous faire comprendre, mes chères petites, qu'en s'habituant ainsi à désobéir et à dissimuler pour des sujets de peu d'importance, on arrive insensiblement à le faire pour des choses plus sérieuses, et cela peut mener loin. Je n'ai rien à craindre, d'ailleurs, pour vous, qui êtes de bonnes petites filles franches et sincères.

CHAPITRE XI

Petits ouvrages manuels. — Les études d'autrefois.
Exercices de gymnastique.

Je m'attachais de plus en plus à Geneviève,
qui faisait de grands progrès comme caractère
et comme études. A part un peu de susceptibilité, elle était très gentille.

Depuis la fameuse histoire du vase brisé, où
je l'avais surprise à mentir, je n'avais jamais
eu à lui reprocher le moindre manque de sincérité. Maintes fois, sans qu'elle s'en doutât, je
l'avais observée et jamais je ne l'avais trouvée
en défaut. Lorsqu'il lui arrivait de faire une
maladresse, elle venait aussitôt et, toute rouge,
elle me disait, les larmes aux yeux : « Madame,
c'est moi qui ai fait cela. » Et toujours je l'em-
brassais en lui disant : « Je t'embrasse pour ta
sincérité, pour ta franchise, mais tâche une
autre fois d'être plus adroite. »

Son intelligence, un peu plus lente que celle
de Marthe, se développait singulièrement depuis quelque temps. Plus réfléchie que ma fille,

elle s'assimilait les idées, les observations qu'elle entendait exprimer, en y ajoutant ses propres réflexions. J'étais parfois surprise du travail intérieur qui se faisait en elle. Il m'arrivait souvent de lui donner, en même temps qu'à Marthe, une explication sur un thème quelconque.

Ma fille comprenait tout de suite, et, une fois sa curiosité satisfaite, son esprit ne s'attardait pas sur le même sujet, tandis qu'au contraire Geneviève creusait l'idée jusqu'à ce qu'elle se la fût appropriée. Il en résultait que souvent elle faisait quelque remarque judicieuse et originale sur une chose que je lui avais dite longtemps auparavant. Ces explications, que me demandaient mes fillettes sur tout ce qu'elles ignoraient, devenaient nécessairement autant de leçons, que je déguisais sous la forme d'une simple conversation.

Il faut saisir toutes les occasions de meubler ces jeunes têtes, de leur donner une idée juste des choses, et de les mettre à même de se servir plus tard, selon la nature de leur esprit, des connaissances qu'elles auront ainsi acquises.

Ces entretiens étaient pour ainsi dire des leçons pratiques. Je n'en abusais pas d'ailleurs, et je les laissais venir du désir des enfants elles-mêmes.

Ces causeries avaient généralement lieu pendant les heures consacrées au travail à l'aiguille. Je tenais beaucoup à ce que Marthe apprît de bonne heure à coudre et à faire tous les petits ouvrages qu'une jeune fille doit savoir confectionner. Au cours on les obligeait à apporter à chaque séance un spécimen quelconque. C'était tantôt un petit chausson de tricot, tantôt un feston, ou une couture piquée, ou quelque broderie. Beaucoup de mères se contentaient de faire faire par les enfants ou de faire elles-mêmes l'échantillon de rigueur, et aussitôt après ces travaux étaient abandonnés. Je faisais tout l'opposé. Je préparais d'avance mes fillettes, en leur enseignant ces petits ouvrages, que je présentais comme une sorte de délassement au travail intellectuel. « Justifiez toujours les soins que vous imposez aux jeunes filles, mais imposez-leur-en toujours, dit J.-J. Rousseau. L'oisiveté et l'indocilité sont les deux défauts les plus dangereux pour elles, et dont on guérit le moins quand on les a contractés. Les filles doivent être vigilantes et laborieuses; ce n'est pas tout : elles doivent être gênées — c'est-à-dire dépendantes — de bonne heure. Ce malheur, si c'en est un pour elles, est inséparable de leur sexe, et jamais elles ne s'en délivrent que pour en souffrir de bien plus cruels. »

Plus nous avancions, plus la régularité nous était imposée. Le niveau de l'instruction est tellement élevé de nos jours que les enfants peuvent à peine arriver à fournir la somme de devoirs qu'on leur demande. Lorsqu'on joint à cela l'étude d'un art d'agrément, d'une langue étrangère, et qu'il faut encore trouver le temps nécessaire à l'hygiène, il est aisé de conclure que les heures doivent être réglées pour chaque chose.

J.-J. Rousseau dit encore qu'il faut pour élever les filles « plus de soin que de peine ». Je suis d'avis que les deux sont nécessaires aujourd'hui, en raison de la différence du programme des études. On n'a, pour s'en convaincre, qu'à jeter les yeux sur celui que donnait jadis Mme Guizot[1] comme modèle à ses filles : « Une connaissance nette et précise, mais pas très approfondie, de l'histoire et de la géographie, où je fais entrer, comme de raison, celle de la sphère ; quelques notions d'histoire naturelle suffisantes pour que la jeune fille ne reste

1. *Éducation domestique.*

pas dans l'ignorance sur les phénomènes qui se présentent habituellement à ses regards, et sur la nature des choses dont elle a journellement à faire usage ; l'étude d'une langue étrangère, ce que je regarde comme le meilleur moyen d'apprendre la sienne ; une idée de notre littérature en général, et la lecture de nos auteurs classiques ; l'habitude d'écrire purement, de lire avec attention et de se rendre compte de ce qu'elle aura lu ; une mémoire exercée à apprendre des vers ; la musique et le dessin autant que le permettront ses dispositions : voilà ce qui peut, sans peine, se placer ensemble ou successivement, dans le cours de la journée, durant les dix à douze années au moins que dure l'éducation d'une jeune fille. »

Plus loin, Mme Guizot ajoute qu'elle ne compte, comme étude, ni la danse, qui est un exercice, une sorte de gymnastique ; ni les ouvrages d'aiguille, qu'elle regarde comme un amusement ; ni les connaissances usuelles qu'une femme acquiert sans savoir comment, à mesure que l'occasion lui en donne le besoin ; « ces idées qu'on reçoit comme on aspire l'air, parce qu'on ne peut pas s'en passer ; cela se sait toujours et ne s'apprend jamais ».

Beaucoup plus compliqué est le programme

de l'éducation des enfants de France, dont Mme de Genlis était la gouvernante. Celui-là, quoique plus ancien, se rapproche du nôtre.

Il comprenait : l'étude des langues anciennes et vivantes ; celle de l'histoire, de la mythologie, de la littérature, de l'histoire naturelle en général, de la botanique, de la chimie, de la physique, de la géographie, des lois, du dessin, de l'architecture, des arts mécaniques, de la musique, de l'algèbre, de la pharmacie, etc., etc.

Mme de Genlis ne négligeait pas non plus les exercices du corps. Elle donne, à propos de la gymnastique, dans son ouvrage intitulé *Leçons d'une gouvernante à ses élèves*, d'excellents conseils pratiques pour l'adolescence. Je crois que les mères se trouveront bien de les connaître, et je les reproduis ici :

« L'objet de la gymnastique, considérée relativement à l'éducation, est de fortifier la constitution, d'affermir la santé, d'endurcir à la fatigue, de donner de l'agilité, de l'adresse, de la souplesse, de la force, et cette confiance qui assure le courage et qui fait faire, sans péril, des actions extraordinaires ; enfin, de munir contre tous les accidents de la vie et de déterminer la croissance du corps, jusqu'au dernier degré d'extension que la nature peut lui donner. Car il ne faut pas croire qu'un enfant élevé mollement puisse acquérir la taille et la stature qu'une bonne hygiène lui aurait procurée. »

Sans m'attarder aux considérations qui suivent dans le même ordre d'idées, j'arrive aux conseils pratiques.

« Voici, dit-elle, quelques-uns des moyens que j'emploie :

« 1° L'exercice des haltères, que je plaçais avant le déjeuner : il ne dure que dix à douze minutes ; c'est un ancien exercice que Galien prescrivait à ses malades convalescents ; on en trouvera le détail dans l'Encyclopédie, où je l'ai pris, au mot *Haltères*. Après cet exercice les enfants portaient, pendant autant de temps et en marchant, des cruches pleines d'eau. On augmente la grosseur des cruches avec l'âge. Il faut, pour cet exercice, des cruches rondes avec une ouverture étroite et une anse qui, au lieu d'être posée de côté, embrasse et partage l'ouverture.

« 2° L'exercice de la poulie. On le pratique avec succès pour redresser les tailles d'enfants contrefaits. Cette poulie, attachée au plancher, est absolument semblable à celle d'un

puits; seulement, au lieu de mettre un seau à
la corde, on y attache un sac de peau rempli
de sablon; j'ai fait placer autour de cette
poulie, fixée contre le lambris, une balustrade
fermée pour prévenir les accidents que pourrait causer la chute des poids. Il faut, pour
cet exercice, que les enfants soient bien posés
d'aplomb; que leurs pieds soient l'un contre
l'autre, qu'ils ne s'élèvent jamais sur leurs
pointes en tirant la poulie, et qu'ils ne laissent
pas glisser la corde dans leurs mains en descendant le poids. A la campagne, on faisait cet
exercice sur de véritables puits placés dans
les petits jardins des enfants, c'est-à-dire un
grand tonneau rempli d'eau au-dessus duquel
était posée la poulie. On tirait de l'eau pour
arroser son jardin, et comme on ne pouvait
augmenter la grosseur des seaux, parce qu'il
fallait qu'ils fussent proportionnés à la gran-
deur du puits, j'avais imaginé de faire mettre
à ces seaux un double fond dans lequel on
pouvait glisser des poids.

« 3° Exercice de la corde. C'est une grosse
corde attachée par un piton au plafond et au
milieu de la chambre; cet exercice consiste à
monter au moyen de cette corde jusqu'au haut
du plafond; il est très difficile d'y parvenir

sans le secours des jambes, c'est-à-dire en les écartant au lieu de les entrelacer autour de la corde, parce qu'alors tout le poids du corps porte seulement sur les poignets.

« 4° L'exercice des poids aux pieds. Celui-ci a été imaginé par M. de Montpensier et mon neveu, qui s'y sont exercés pendant six mois, tous les jours ; cet exercice a singulièrement développé leur croissance. On s'attache à chaque pied un poids aussi lourd qu'on le peut porter, sans un grand effort ; ensuite on se suspend avec les deux mains à la corde attachée au plafond, de manière que les pieds soient à deux à trois pieds de terre ; alors, pendant quelques minutes, on retire et l'on étend alternativement avec force tantôt une jambe et tantôt l'autre. Les poids que M. de Montpensier s'attachait aux pieds pesaient tous deux 50 livres ; par conséquent, 25 livres chacun.

« 5° Les sauts. Il y a trois manières de sauter : l'une horizontalement, la deuxième en franchissant un obstacle, la troisième en sautant d'une élévation à terre. Cette dernière manière est dangereuse ; si l'on saute à faux, on peut se casser une jambe ; aussi l'on doit proscrire cet exercice. D'ailleurs, quand on sait sauter parfaitement des deux premières manières, on sautera bien de celle-ci, dans le cas où, pour éviter un grand danger, on serait obligé de risquer cette sorte de saut. Il faut, en sautant, que les pieds ne soient pas séparés l'un de l'autre, et en même temps lancer la jambe en avant, de sorte que, si l'on tombe, on se trouve assis. Car, si l'on tombe sur les genoux, c'est une preuve que le saut a été mal pris. Pour sauter en hauteur, je faisais mettre comme obstacle une ficelle posée sur deux crochets de bois; il s'agissait de franchir cette ficelle, ce qui se fait de deux manières : en prenant de l'élan, ou *à pieds joints*, c'est-à-dire sans prendre d'élan. Il faut que la ficelle ne soit que posée sur les crochets de bois et non attachée, afin qu'elle puisse céder, si l'on manque le saut et si on l'accroche avec les pieds : sans quoi la résistance ferait tomber, et d'une manière fâcheuse, à la renverse.

« 6° Les courses. Je les avais divisées en deux espèces : les courses de *vitesse* et les courses d'*haleine*. Dans ces dernières, on ne court pas de toute sa force et l'on peut, avec l'habitude, courir très longtemps, même dans l'enfance : Mademoiselle d'Orléans, à douze ans, faisait une lieue exactement mesurée en courant ainsi, sans s'arrêter et sans marcher un instant. On sait qu'on doit avoir en marchant le corps droit et les pieds en dehors, et qu'à chaque pas la jambe doit précéder le corps; car on marche très mal quand le corps se porte en avant en même temps que la jambe. Pour la course, c'est tout le contraire : il faut que le corps soit penché en avant, que les pieds ne soient ni en dehors ni en dedans, mais tout droits, et que le corps s'élance avec les jambes.

« 7° L'équitation, dont les leçons se prennent au manège.

« 8° La natation, qu'il faut commencer de très bonne heure.

9° Tirer de l'arc au blanc. M. de Chartres et ses frères n'aimaient pas cet exercice, qui a plus de grâce que d'utilité; mais Mademoiselle d'Orléans y excellait.

« 10° Le tir au fusil, pour les garçons.

« 11° Le tir au pistolet.

« 12° Le billard.

« 13° Le volant. Pour bien jouer au volant, il faut ne pas tenir la raquette en avant, près de l'estomac, ni au-dessus de la tête, mais la tenir de côté et pousser ainsi le volant. Il faut avoir l'attention d'accoutumer les enfants à jouer également des deux mains.

« 14° La danse. »

Mme de Genlis observait pour les jeunes princes qui lui étaient confiés un usage que j'approuve, que j'ai toujours mis en pratique et qui consiste à faire coucher les enfants sur des lits durs, et à ne pas faire de feu dans leur chambre. Les habitudes de mollesse ont une mauvaise influence sur la santé. La chaleur qu'excitent les lits mous amène parfois la transpiration et occasionne les rhumes.

Mais j'engagerai toujours les mères à consulter préalablement le médecin de la famille ; car en cela, comme en toutes choses, la règle n'est pas absolue et doit se modifier selon la nature et le tempérament de l'enfant.

Il est des cas où la gymnastique faite inconsidérément serait plus nuisible que profitable. J'en ai eu souvent la preuve : la fille d'une dame de ma connaissance avait une omoplate un peu saillante. La mère pensa que des exercices réguliers remettraient tout à sa place ; elle conduisit l'enfant au gymnase et au bout de quelque temps elle s'aperçut que le défaut, au lieu de diminuer, s'accentuait.

Autre exemple : une fillette que je voyais

au cours, souffrant de palpitations de cœur, fut guérie par la gymnastique. La mère, tout naturellement, préconisa ce remède et le conseilla à une jeune fille, que des palpitations de cœur gênaient également. Sans prendre conseil d'une personne plus autorisée, les parents de cette jeune fille lui firent faire de la gymnastique. On dut cesser bien vite, le mal augmentant au lieu de diminuer.

Le docteur, consulté un peu tard, déclara que, pour les palpitations de cœur *nerveuses*, la gymnastique était excellente; mais que, pour celles dont la cause vient d'une circulation trop active, un exercice violent exagère encore l'action de l'organe qui a besoin d'être calmé.

On voit que le médecin peut seul juger de l'opportunité de ces exercices qui font aujourd'hui partie du programme de l'éducation.

On trouvera dans les conseils de gymnastique précédents beaucoup de choses faciles à appliquer.

CHAPITRE XII

LA COLÈRE. — L'INDOLENCE. — LE DÉSORDRE.

Marthe fait sa chambre elle-même.—On doit mettre une jeune
fille en mesure d'exercer au besoin une profession. — La
colère.—Il faut corriger les enfants de bonne heure.—L'indolence et le désordre.

Marthe, vers l'âge de quinze ans, commença
à faire sa chambre elle-même. Je venais de
déménager. Mon appartement devenant trop
petit, je m'étais décidée à en louer un plus
grand dans la maison de Mme Émery, à l'étage
au-dessus du sien. Ma fille, qui jusqu'alors
avait couché dans un cabinet attenant à ma
chambre, se trouva maîtresse d'une jolie pièce,
que je fis tendre et meubler en cretonne. Un
cabinet de toilette seulement la séparait de moi.
En laissant les portes ouvertes, nous étions,
pour ainsi dire, ensemble.

Dans quelque situation qu'on soit, il est bon
d'accoutumer une jeune fille à faire sa chambre. En dehors de l'exercice qu'elle y prend,
cela lui donne des habitudes d'ordre. Le mobilier de ma fillette se composait d'un lit de

fer, d'une commode, d'un chiffonnier, d'un petit bureau, d'une table et de quelques chaises. Je tenais à l'installer simplement, mais assez confortablement pour qu'elle aimât son *nid*.

Sur la cheminée, j'avais placé une corbeille de fleurs. Au mur étaient suspendues des étagères-bibliothèques.

— Tu embelliras ta chambre toi-même par tes petits ouvrages, avais-je dit à Marthe.

Elle était tellement ravie qu'elle tenait sa chambre avec un ordre parfait. Sa première occupation était de faire son lit, une fois le lait ou le chocolat pris. Ce petit déjeuner chaud se servait dans la salle à manger, à sept heures sonnantes. Lorsque son *ménage* était terminé, elle passait dans notre cabinet de toilette et procédait aux ablutions d'eau froide, hiver comme été. Pour ces ablutions, elle se servait d'un *tub* et d'un gant de coton. Marthe se lavait au savon des pieds à la tête. On ne saurait trop insister sur ces soins de propreté, qui sont une des parties les plus essentielles de l'hygiène.

Marthe se coiffait elle-même, et si je consentais encore à tresser la natte qui tombait sur ses épaules, c'est qu'il était presque impossible qu'elle la fît bien. Mais il était convenu qu'aussitôt la coiffure changée, elle s'en chargerait seule. A huit heures et demie au plus tard, elle était prête et se mettait au travail jusqu'au déjeuner.

Il importe de ne pas laisser une jeune fille flâner le matin, car c'est le moment où l'on travaille le mieux. Le meilleur moyen d'obtenir cela consiste à prêcher d'exemple.

Depuis que nous demeurions dans la maison de nos amis, les enfants se réunissaient le soir, soit chez moi, soit chez les Émery. Dans le jour, on travaillait chacun de son côté.

Cette vie presque en commun me convenait très bien pour Marthe, qui n'était plus une enfant, et qui, trop jeune pour aller dans le monde, trouvait dans ces relations quotidiennes l'occasion d'exercer les principes de politesse et de bienveillance indispensables pour vivre en société. La famille de nos voisins venait de s'augmenter de deux personnes. Les sœurs de M. Émery, vieilles filles assez revêches, ayant subi des pertes d'argent, tombaient à la charge de leur frère. Mme Émery, qui était la vertu et la bonté mêmes, ne fit aucune difficulté pour accepter cette complication, dans sa vie déjà si compliquée !

Ses deux filles aînées ayant achevé leurs

études, on agita la question de savoir si on leur donnerait une profession ou si l'on en ferait tout simplement des femmes propres à tenir leur ménage avec ordre et économie. Je fus consultée.

— Mon avis est, dis-je, qu'une jeune fille doit, avant tout, savoir diriger une maison, être initiée aux détails du ménage, être au courant du prix et de la valeur des choses, acquérir la science de l'économie, tenir les comptes, commander les domestiques, enfin savoir tout ce qui constitue la femme d'intérieur. C'est indispensable. Mais cela ne suffit pas. Une femme qui dirige bien sa maison est précieuse pour un mari. Une femme qui joint à ces qualités un talent quelconque, une profession qui lui permet de gagner de l'argent est doublement précieuse. Lorsqu'une jeune fille n'a pas de dot, elle doit nécessairement avoir une profession.

— Je pense absolument comme vous, mon amie, mais j'avais besoin d'être soutenue dans mon opinion. Mon mari affirme qu'avec de l'énergie et de l'intelligence, une femme peut toujours se tirer d'affaire. Je veux le croire, et je conviens qu'il ne suffit pas d'avoir un talent, si l'on ne sait le mettre à profit. Mais le talent acquis, rien n'empêche de le bien employer. Je compte donc, ayant égard au goût de mes filles, diriger Juliette vers l'étude de la musique et Hélène vers celle de la peinture. Quant à Geneviève, elle est encore bien jeune ; aucune vocation ne se révélant en elle, j'attends. Grâce à vous, elle sera aussi parfaite que Marthe, et je n'aurai que l'embarras du choix.

— Dieu nous garde de la perfection, dis-je en riant. Je n'entrevois pas encore de quel côté nous pourrons pousser nos deux fillettes, qui n'ont, en effet, ni l'une ni l'autre, de vocation déterminée. Elles travaillent bien, et ce qu'il y aura de mieux sera, je crois, de les amener à passer leurs examens. Le brevet supérieur en main est une ressource qui peut être efficace, le cas échéant. Quant à vos filles aînées, je suis convaincue qu'elles réussiront, chacune dans son art. Juliette possède déjà du talent. Il s'agit maintenant de le perfectionner et de lui donner le plus d'extension possible. Au point où elle en est, le mieux est de lui faire prendre des leçons d'un grand professeur, puis de la mener souvent au concert. Les pianistes d'aujourd'hui se font entendre d'une façon très profitable pour les talents naissants. Ils donnent des auditions exclusivement consacrées aux œuvres des maîtres et jouent du piano pendant deux heures et plus. Quand une élève est déjà avancée, c'est une des meilleures leçons qu'elle puisse prendre. Il faut d'ailleurs que Juliette ait le courage de travailler, dès à présent, de six à sept heures par jour. C'est le moins qu'on puisse étudier, lorsqu'on veut acquérir un talent d'artiste. Puis elle devra apprendre l'*harmonie* et remonter ainsi du mécanisme à l'art.

— De ce côté-là, je suis tranquille, me dit Mme Émery. Juliette n'est point paresseuse; elle est forte et courageuse et ne reculera devant aucune fatigue pour arriver. Je voudrais être aussi satisfaite de son caractère que je le suis de son travail.

— Ne vous tourmentez pas de cela, ma chère, il y a déjà beaucoup d'amélioration de ce côté, et je suis persuadée que Juliette vous aime trop pour ne point arriver à vaincre sans retour ses accès de colère.

— Elle se contient parfois, il est vrai ; mais souvent elle me répond brusquement ou avec humeur. Je ne devrais pas tolérer ce manque de respect, je le sais, mais il m'arrive quelquefois de feindre de ne pas entendre, afin de n'être pas dans la nécessité de gronder. C'est ma santé qui cause ces défaillances, et je me les reproche pourtant, car elles sont préjudiciables à ma fille.

— Vous n'avez rien à vous reprocher, ma chère amie, puisque vous faites déjà plus que ne le permettent vos forces. La seule chose qui soit regrettable, c'est qu'on n'ait point commencé plus tôt à réformer le caractère de Juliette. Je me souviens que, sur ce sujet, vous n'avez pas été entièrement maîtresse d'agir comme vous le vouliez. Votre cher mari, très fier de ses filles, n'a jamais souffert qu'on les contrariât en quoi que ce fût. Aussi, il en résulte que Juliette et Hélène ont les défauts des enfants gâtées. Si Geneviève a échappé à la contagion, c'est grâce à son éloignement. Mais, en somme, le mal n'est point irréparable, quand on a affaire à de bonnes natures, et c'est ici le cas. Juliette a du cœur, c'est à son cœur qu'il faut s'adresser. Lorsqu'elle a un accès de violence ou seulement d'impatience, laissez-le tomber de lui-même. Le bruit de sa voix l'excite, la grise pour ainsi dire, et lorsqu'elle est en cet état, le raisonnement n'a aucune action sur elle. Mais, une fois la crise passée, amenez-la à réfléchir sur sa conduite et insistez sur la peine que vous en éprouvez.

Saint François de Sales dit quelque part qu'il faut parler aux enfants « avec conviction, avec ardeur, avec énergie, avec séduction ». Je crois qu'il a raison. On doit certainement tenir compte de la légèreté et de l'entraînement de la jeunesse. Une enfant commet une faute qui cause de la peine à la personne qu'elle aime le plus, et bientôt elle le regrette. Elle se promet de ne plus retomber dans la même erreur, et le lendemain elle recommence. Il faut donc que la mère soit aussi persévérante pour le bien que l'enfant l'est pour le mal.

— Je fais ce que je peux, dit en soupirant la pauvre Mme Émery, mais évidemment le mal vient de loin.

— Essayez donc d'un moyen qui a réussi à réformer des défauts plus graves que celui qui nous occupe : engagez Juliette à écrire un journal dans lequel seront consignées toutes ses actions de chaque jour; puis lisez-le, le soir, avec elle. Vous fixerez ainsi sa pensée sur ce qu'elle aura fait de bien et de mal. Soyez sûre que, au bout de très peu de temps, le défaut que vous lui reprochez diminuera et qu'il finira par disparaître.

— J'essayerai. Quant à Hélène, je n'ai pas à me plaindre de son manque de respect. Elle est douce et bonne. Mais sa nonchalance n'a pas d'égale. J'ai beau me fâcher, je n'arrive point à lui inculquer les habitudes d'ordre si nécessaires à une femme. J'ai toutes les peines du monde à la soumettre à une règle quelconque. Son esprit fantaisiste et distrait ne peut se fixer sur rien, et je désespère de donner le sens pratique à cette enfant indolente qui ne se complaît que dans ses chimères.

— La diversité de caractère de nos enfants démontre bien qu'on ne peut appliquer le même système d'éducation à tous. Voulez-vous que nous lisions ensemble ce passage de Fénelon qui a trait aux caractères indolents? Nous y trouverons peut-être le moyen de modifier la nature de notre chère Hélène.

Et sur la réponse affirmative de mon amie, je lus les lignes suivantes :

« On a peu de prise sur les caractères indolents. Toutes les pensées de ceux-ci sont en distraction ; ils ne sont jamais où ils doivent être ; ils écoutent tout et ne sentent rien. Cette indolence rend l'enfant négligent et dégoûté de tout ce qu'il fait. C'est alors que la meilleure éducation court risque d'échouer, si l'on ne se hâte d'aller au-devant du mal dès la première enfance. »

— Hélas! interrompit Mme Émery, quelle leçon pour les parents qui gâtent leurs enfants et négligent de les reprendre dès le premier âge !

— Il est certain que c'est une faute. Mais lorsqu'elle est commise, il faut tâcher de la réparer. Voici les conseils que donne Fénelon pour atteindre ce but : « Mettre en œuvre l'émulation. La jalousie est plus violente chez les enfants qu'on ne saurait s'imaginer ; on en voit quelquefois qui sèchent et qui dépérissent d'une langueur secrète, parce que d'autres sont plus aimés et plus caressés qu'eux. C'est une cruauté trop ordinaire aux mères que de leur faire souffrir ce tourment ; mais il faut savoir employer ce remède dans les besoins pressants contre l'indolence. Mettez devant l'enfant que vous élevez d'autres enfants qui ne fassent guère mieux que lui ; des exemples disproportionnés achèveraient de le décourager. Donnez-lui de temps en temps de petites victoires sur ceux dont il est jaloux ; apprenez-lui que les gens mous et inappliqués, quelque génie qu'ils aient, se rendent imbéciles et se dégradent eux-mêmes. Peut-être faudra-t-il même, de temps en temps, le piquer par le mépris et les reproches. Vous ne devez pas le faire vous-même ; il faut qu'une personne inférieure, un enfant par exemple, le fasse sans que vous paraissiez le savoir. »

— S'il ne me répugnait de faire jouer un rôle quelconque à une enfant, nous aurions pu nous servir de Marthe, dis-je en posant le livre; elle est assez étourdie pour remplir cet office, même sans le vouloir. N'a-t-elle pas, l'autre soir, poussé une exclamation en voyant Hélène mettre pêle-mêle dans un tiroir sa laine à tapisserie, ses livres, ses pinceaux et je ne sais plus quels autres objets. Mais cela ne suffit pas; il faut de la suite et de la persévérance pour déraciner des habitudes invétérées; il faut aussi de la discrétion. Ce serait beaucoup demander à une fillette de l'âge de Marthe. J'imagine que je jouerai mieux qu'elle le rôle de la personne *inférieure* que veut M. de Fénelon, et, si vous m'y autorisez, chère amie, je vais commencer avec vous une campagne diplomatique pour faire d'Hélène une fille pratique et ordonnée.

Dès le lendemain, je me mis à l'œuvre. Sous prétexte que, depuis mon déménagement, ma maison n'était point organisée à mon goût, je bouleversai tout et me mis en devoir de ranger à nouveau. Les cours et les études des enfants prenaient tout leur temps. J'allai donc prier

Hélène de venir m'aider, avec la permission de sa mère. Un peu surprise de cette marque de confiance, que personne ne lui donnait, car elle s'était habituée à dire qu'elle n'était pas *rangeuse*, Hélène me suivit avec sa bonne grâce ordinaire.

— Je crains bien, madame, dit-elle en riant, de ne pas vous servir à grand'chose; je suis si maladroite!

— Tu te calomnies, ma chère petite, lui répondis-je sur le même ton. Tu es trop intelligente pour ne pas pouvoir exécuter ce que tu as le désir de faire. Le tout est d'avoir la *volonté de réussir*.

— Je ne demanderais pas mieux que d'avoir cette volonté; mais je ne l'ai pas, malheureusement.

— Cela viendra, mon enfant, si tu veux t'en donner la peine. Tu n'ignores pas que, pour acquérir une qualité, il faut beaucoup d'efforts. Quoi que tu en dises, tu es aussi adroite, aussi bien douée qu'une autre. C'est à toi de développer ces bonnes dispositions, en pratiquant les bons exemples que tu as sous les yeux. Ne vois-tu pas comme ta sœur Juliette met en ordre toutes ses affaires? Comme elle range sa chambre dès le matin?

— Oh! mais Juliette, elle, n'y a pas de mérite, c'est dans son sang.

— Et ta mère! Ta mère, dont la santé délicate demande tant de ménagements! Ne la vois-tu pas se fatiguer, rester des heures debout, à ranger, à mettre de l'ordre dans la maison? Crois-tu qu'il ne serait pas bien de lui épargner cette peine?

Je vis au regard d'Hélène que j'avais touché juste.

Allons, me dis-je, il y a de la ressource.

— Mais j'oublie que c'est pour *travailler* et non pour moraliser que nous sommes là. A l'œuvre, ma mignonne.

Et, ce disant, j'attaquai les piles de draps et les douzaines de serviettes étalées un peu partout, et je commençai, avec Hélène, un travail d'organisation. Cela alla bien pendant quelque temps ; lorsque je crus m'apercevoir, à quelques bâillements, que la jeune fille était fatiguée ou ennuyée, je m'arrêtai.

— Veux-tu que je prie Juliette de te remplacer, dis-je en l'embrassant; il me semble que tu en as assez, et ta sœur ne demandera pas mieux que de venir.

Hélène rougit.

— Je ne suis pas du tout fatiguée, dit-elle,

et, à moins que vous ne préfériez Juliette, je serai très heureuse de finir avec vous la tâche que nous avons commencée.

— Alors, je te garde, chère enfant, et merci de ta bonne volonté et de ton courage.

Ce petit compliment stimula le zèle d'Hélène qui, à partir de ce moment jusqu'à la fin de notre travail, n'eut plus une minute de défaillance.

— N'éprouves-tu pas une certaine satisfaction, ma chérie, lui demandai-je, à te dire qu'en dehors de l'aide que tu m'as prêtée, tu as réussi à vaincre une fois ton indolence? Tu t'accusais d'être maladroite, et voilà que tu viens de prouver le contraire. C'est la *volonté de réussir* qui t'a empêché de renoncer à une tâche opposée à tes habitudes et peut-être à tes goûts. Tu as remporté une victoire sur toi-même; pourquoi n'essayerais-tu pas de continuer dans cette bonne voie?

— C'est si difficile de toujours penser à ce qu'on fait! murmura tristement la pauvre Hélène.

— Ce serait beaucoup moins difficile que tu ne crois, si tu prenais la résolution de te corriger d'un défaut que tu reconnais. Je ne prétends pas dire que tout en ayant le désir de te réformer, tu y parviendras du premier coup. Tu essayeras d'abord sans y réussir, et puis tu auras des moments de faiblesse où l'indolence reprendra le dessus. Il ne faudra pas te décourager pour cela, mais simplement t'armer de bonne volonté et renouveler ta résolution. Ta mère serait si heureuse de te voir acquérir ces deux qualités essentielles, l'activité et l'ordre, qui, seules, te manquent pour que tu sois un jour une femme accomplie. Ne serais-tu pas heureuse de lui donner cette joie?

— Oh! oui, madame, s'écria Hélène, dont les beaux yeux étaient brillants de larmes. Je désire faire ce qu'il faut pour contenter maman. Dites-moi comment je dois m'y prendre pour me corriger. Voulez-vous m'aider à cela, madame, dites?

J'embrassai tendrement la jeune fille; je l'avais amenée à ce que je voulais. Le reste était une question de temps.

— Tu commenceras, dis-je à Hélène, qui me demandait un plan, par t'imposer cette règle : finir tout ce que tu auras entrepris, fût-ce la plus petite chose, et laisser en ordre tout ce que tu auras touché; lorsque tu te mettras au travail, tu te donneras une tâche, et tu ne quitteras pas ce que tu as en main avant que cette tâche soit terminée. Lorsque tu te serviras d'un objet quelconque, tu le remettras à sa place, dès que tu n'en auras plus besoin. Tu ne saurais croire combien ce dernier détail t'épargnera de temps et d'ennui. Si tu cherches un papier et qu'il te faille en remuer quarante autres pour le trouver, tu t'impatientes et tu perds du temps que tu pourrais employer plus utilement. Tâche aussi de fixer ta pensée sur le travail dont tu t'occupes dans le moment présent. De cette façon, tu t'y intéresseras davantage. En toutes choses, mon enfant, la *règle* est une condition essentielle. Le caprice, la fantaisie, l'irrégularité, n'engendrent rien de bon... Mais je t'ennuie peut-être, ma pauvre petite, dis-je en voulant rendre à Hélène sa liberté ; je te sermonne comme si tu étais ma fille.

— C'est une grande bonté de votre part, madame, de me parler ainsi. Si vous saviez comme cela me touche. Je ne réfléchis pas assez, et vous me rendez service en me forçant à penser. Je comprends tout ce que vous me dites, et il me semble que désormais je prendrai plus d'intérêt aux petits détails de la vie, et que je parviendrai à être plus active et plus ordonnée.

— Tu y parviendras certainement, ma chérie, puisque tu le veux; tu viens de me prouver que non seulement tu es adroite de tes mains, mais encore que tu es capable de fixer ton esprit sur des choses sérieuses. Une maxime que je t'engage à méditer, et que j'emprunte à Mme Guizot, est celle-ci : « Le goût du bien, la conformité à la règle, est la condition nécessaire de la vie sociale, comme la santé est celle de l'accomplissement des fonctions de la vie physique ; la moindre irrégularité produit la souffrance, mais le bien-être de l'ordre ne se remarque point; car, vivre dans l'ordre, c'est simplement exister, et nous ne remarquons pas notre existence. »

Si tu comprends bien la portée de cette pensée, ce dont je ne doute pas, ma chère Hélène, tu en concluras aisément que l'ordre et l'activité sont indispensables, et tu t'efforceras d'acquérir ces qualités.

— J'y suis décidée, madame; et si vous voulez bien me soutenir dans cette résolution, j'espère arriver à vous contenter. Faisons un complot, voulez-vous? Ne disons rien à maman jusqu'à ce que je sois corrigée. Alors seulement, je lui dirai la part qui vous revient dans cette grande réforme.

— Bien, mon enfant. Le désir de plaire à ta mère et de lui être utile relèvera ton courage s'il vient à faiblir. La fondatrice de Saint-Cyr disait que « le plus grand plaisir est d'en pouvoir faire ». C'est bien vrai. Elle mettait en pratique cet axiome, et racontait qu'étant toute jeune fille, elle allait souvent chez une de ses amies, Mme de Monchevreuil, qui était malade. Elle prenait soin du ménage, tenait les comptes et donnait les ordres nécessaires.

« J'avais, dit-elle, les enfants de Mme de Monchevreuil autour de moi ; j'apprenais à lire à l'un, le catéchisme à l'autre, et leur montrais tout ce que je savais. Mon amie avait entrepris de faire un meuble de tapisserie ; je m'y mis tout entière, jusqu'à en suer souvent ; nous travaillions en carrosse durant un voyage de trois semaines que nous fîmes dans un temps fort chaud ; elle avait des beaux-frères, qui enfilaient nos aiguilles pour ne pas perdre de temps ; je travaillais sans penser au chaud ni au beau temps et sans sortir une seule fois pour prendre l'air. Une petite mignonne aurait dit bien souvent : « Ah ! qu'il fait chaud ! Quoi ! par un si « beau temps, ne pas sortir aujourd'hui ? » Je ne pensais à rien de tout cela, tant je travaillais avec affection — retiens bien cela, ma petite Hélène — et je quittais une maison de Paris, où j'étais fort aimée, où il me semble que j'aurais eu plus de plaisir ; mais il n'en est point de plus grand que celui d'obliger. »

— Tu vois, mon enfant, que cette activité déployée par Mme de Maintenon lui était inspirée par le désir de rendre service aux autres. « Voilà, ajoute-t-elle, comme on agit quand on veut être aimée. On s'avise de tout ce qui peut être utile ou agréable à ceux avec qui on est ; on leur épargne de la peine ; il me semble qu'il suffit, pour cela, d'avoir un bon cœur et un bon esprit. »

Hélène m'embrassa encore, en me remerciant, et elle partit.

CHAPITRE XIII

DISCUSSION SUR L'ÉDUCATION.

Une scène de famille. — On discute sur l'éducation.
J'organise une représentation d'*Esther*.

Le soir de ce même jour, nous allâmes passer la soirée, Marthe et moi, chez nos voisins. Toute la famille était réunie au salon. Notre arrivée coupa la parole aux deux vieilles demoiselles, qui paraissaient engagées dans une discussion assez vive. Mme Émery, tandis que ses filles couraient vers Marthe, se leva, pour venir au-devant de moi, et me glissa ces mots à l'oreille : « Elles sont insupportables ! »

A peine étions-nous assises, que Mlle Émery aînée reprit son discours, un moment interrompu. On avait grand tort, à son avis, d'élever les enfants comme on le fait aujourd'hui : de tout sacrifier à eux, de ne penser qu'à eux; de leur donner des plaisirs coûteux ; elle n'avait point été élevée de la sorte. De son temps, les parents étaient raisonnables et sensés ; ils ne gâtaient point leurs enfants et ne leur donnaient pas des habitudes de dépense et de luxe en désaccord avec leur situation de fortune ; il aurait fait beau voir qu'elle exprimât un désir quelconque ! elle eût été bien reçue, vraiment ! Ni sa sœur ni elle n'avaient mis le pied dans un théâtre avant l'âge de dix-huit ans, et encore était-ce dans une loge *donnée*. Leurs parents commandaient ; elles obéissaient. Maintenant, c'était tout le contraire : les enfants donnaient des ordres. Et, ses récriminations passant des parents aux enfants, elle se plut à énumérer les défauts de celles qui se trouvaient là. Mlle Émery cadette, transformée en écho, renforçait d'un mot aigre les gronderies de sa sœur.

Tout en écoutant, je m'amusais à observer les physionomies des *accusées* : Juliette donnait des signes visibles d'impatience et se contenait pour ne pas éclater ; Hélène, plus indifférente ou plus distraite, demeurait calme ; Geneviève et Marthe échangeaient des regards surpris.

Mme Émery crut devoir défendre son système d'éducation, et plaida de façon à se concilier ses auditeurs :

— Vous devez avoir raison, ma chère Cyprienne, lui dit-elle d'un ton amical ; mais, que voulez-vous ? tout change avec le temps. Autrefois, les parents, plus occupés d'eux-mêmes, consacraient une moindre part de leur vie à leurs enfants. Ils leur donnaient des professeurs et s'en rapportaient à ces derniers. Ainsi que vous le dites très justement, ils usaient plus de leur autorité. Est-ce à dire qu'ils obtenaient un meilleur résultat? C'est ce dont il est permis de douter. Il ne suffit pas d'habituer les enfants à une obéissance passive ; il faut encore leur expliquer le motif de cette obéissance. Je parle, bien entendu, de ceux qui ont atteint l'âge de raison ; car, lorsqu'on est tout petit, on obéit sur un signe et sans comprendre. Une mère très autoritaire peut, si elle s'adresse à une enfant craintive, paralyser son caractère, arrêter son élan, fausser sa nature. Je ne prétends point, par là, qu'il ne faille pas user de son autorité ; mais je crois qu'une mère ne saurait trop raisonner avec ses enfants, et qu'elle doit les guider moralement, si je puis dire, dès leur tendre enfance. Croyez-vous possible qu'un petit être juge par lui-même les choses qu'il voit et qu'il s'en fasse une opinion juste? Comme tout ce qui l'entoure est au-dessus de sa portée, il faut bien qu'il prenne les idées d'autrui, avant d'en avoir qui lui soient propres. Il importe donc qu'à ce moment ses impressions lui viennent d'une personne tendre et éclairée, qui développe son intelligence et lui donne la notion exacte des choses.

A ce moment, M. Émery, qui avait jusque-là feuilleté un album d'un air assez indifférent, prit part à la discussion. Je crus qu'il allait donner raison à sa femme et mettre fin au caquetage de ses ennuyeuses sœurs ; en quoi je me trompais absolument. M. Émery avait pour principe qu'il faut gâter les enfants. Certains parents laissent aller les choses, évitent les réprimandes, supportent les caprices par nonchalance ou par faiblesse ; lui, il érigeait en doctrine cette déplorable manière d'agir ; de sorte que, sur ce terrain, il se trouvait en désaccord, à la fois, avec ses sœurs et avec sa femme.

Quand son mari prit la parole, Mme Émery ne put réprimer un soupir, qui signifiait : « Hélas ! si M. Émery s'en mêle, nous n'en aurons pas de sitôt fini ! Il va mettre ses sœurs hors d'elles. »

La longue tirade du père de famille, les pointes qu'il lança aux deux demoiselles, les expressions peu ménagées dont il se servit à leur endroit ne laissèrent pas, en effet, que de les irriter tout à fait. La situation se tendait de plus en plus. Juliette se contenait à peine et devenait toute rouge de colère et d'agacement. Si Marthe n'eût été présente et si je n'eusse pris autant d'intérêt à ses petites amies, cette scène ridicule m'eût amusée, moi témoin. Mais j'en vis plutôt le côté pénible et fis, à part moi, ces réflexions :

— Comment peut-on espérer bien élever des jeunes filles en procédant de cette façon ? L'autorité du père et de la mère s'use dans de pareilles discussions ; ce que dit l'un est contredit par l'autre ; lequel des deux croiront-ils ? Si leur naturel est bon, leur esprit droit, ils donneront raison à celui qui les réprimande ; si, au contraire, leur penchant les porte à chercher la satisfaction, juste ou non, de leur volonté, ce n'est que celui qui les gâte qui aura leur approbation. Dans les deux cas, un des parents, le père ou la mère, sera jugé, et sévèrement. Or rien n'est plus mortel au respect que ces sortes de sentences portées par des enfants, dont l'esprit, à cause de leur âge, est presque toujours absolu.

Pendant que je discourais ainsi avec moi-même, la discussion allait son train.

— Toutes, vous avez tort, disait M. Émery. Cyprienne a des idées qui datent de l'ancien

régime, au temps où les enfants disaient à
leurs pères : « Bonjour, monsieur ! » leur baisaient la main et leur faisaient la révérence.
Quant à vous, vous n'avez qu'un mot à la bouche :
l'autorité, l'autorité. Pourquoi discutez-vous
avec mes sœurs? Vous êtes au fond du même
avis qu'elles. Le principal point où vous diffé-
riez, c'est quand il s'agit du raisonnement. Je
n'approuve point du tout, vous le savez, cette
manière de penser là. Quelle nécessité de raisonner avec des petites filles? Comme si les
petites filles raisonnaient! La raison ne vient
que plus tard ; elles sauront bien l'exercer un
jour, et sans l'avoir appris de vous. Mais les
mères de famille ont toutes ce travers aujour-
d'hui : former le raisonnement est une idée
fixe ; cela entre, à ce qu'il paraît, dans tous les
programmes d'éducation. Au lieu de laisser les
enfants suivre leur nature, on leur en donne
une d'emprunt. Jolie réforme! Plus d'originalité ; tous les caractères, de gré ou de force,
astreints à suivre le même modèle. Allons!
soyez sages, mesdemoiselles ; tenez-vous tranquilles ; ne bougez pas. N'ayez pas surtout une
idée à vous ; c'est le jugement de vos parents
qu'il faut suivre ; et si vous les écoutez docile-
ment, ils vous convaincront qu'ils ont bien rai-

son. Et moi, je soutiens qu'ils peuvent avoir tort; et que ce qu'ils ont de meilleur à faire, c'est de laisser agir le temps, qui corrige, et de gâter leurs enfants en attendant; oui, de les gâter, mes sœurs, quoi que vous en puissiez dire, vous qui, en qualité de vieilles filles, avez l'âme de maîtresses d'école !

Cette dernière injure acheva d'exaspérer Mlles Émery. Cyprienne se leva brusquement et s'écria dans sa colère :

— Vous ne ferez rien de bon de vos filles, vous n'en ferez rien de bon.

— Elles vous vaudront toujours bien, fut la riposte.

Juliette, qui n'était plus maîtresse d'elle-même, passa son dépit sur une chaise, qu'elle jeta par terre. Cela causa une diversion; les vieilles demoiselles se retirèrent, et M. Émery fit une scène à sa fille. Car il était emporté comme elle et, tout en *gâtant* ses enfants, tout en donnant tort à leur mère, il n'hésitait pas à les gronder, et très durement parfois. Mais l'instant d'après tout était oublié; pour un peu, il leur eût adressé des excuses.

Je suivis l'exemple de Mlles Émery; je m'en allai, emmenant Marthe tout interdite.

— Maman, me dit-elle, quelle drôle de maison! Comme mes amies sont à plaindre de dépendre de personnes qui n'ont le même avis sur rien !

Ainsi, Marthe avait su faire seule la même observation que moi. Cela n'était pas trop mal, vraiment, pour un *raisonnement* de petite fille.

D'après mes idées, et comme je l'ai déjà exposé, les enfants doivent de temps en temps être conduits au spectacle, ne fût-ce que pour leur donner une distraction intelligente, sinon pour profiter à leur enseignement. Ce n'est certes pas que je croie, comme certains sceptiques, que le théâtre a pour seul but d'amuser l'esprit ; il est des pièces, au contraire, propres à l'élever, je dirai plus, à l'édifier ; il suffit de citer *Polyeucte* et *Esther*. Telle était l'opinion de Corneille ; pour lui, l'amusement ne va pas sans l'utilité, et il invoque à son appui le témoignage du grand Aristote.

Mais Corneille parle pour tout le monde, et il s'agit ici des jeunes filles seulement. Ce qui est vrai, sur ce sujet, à l'égard des grandes personnes, l'est encore plus pour la jeunesse. Est-il, je le répète, un meilleur passe-temps que d'orner sa mémoire de belle poésie, et de s'occuper, quelques heures durant, de grands et nobles exemples? L'admiration qu'ils nous inspirent nous prépare à la pratique de plus modestes vertus.

Encore faut-il choisir avec discernement les pièces lorsqu'il s'agit de toutes jeunes filles.

Marthe désirait depuis longtemps suivre des matinées; mais celles-ci ne sont pas toujours classiques. J'attendais.

Enfin on annonça précisément *Esther*, tragédie propre à satisfaire les parents les plus scrupuleux, et Mlles Émery, elles-mêmes. On ne peut pas se plaindre au moins que « la peinture des passions de l'amour » y soit poussée loin. Je retins donc une loge, et j'invitai les petites compagnes de Marthe. Je dois ajouter, par un motif de conscience, que ces jeunes filles, après les premiers moments d'enthousiasme accordés à Racine, furent enchantées de la perspective d'une pièce moderne ajoutée au programme.

Je ne fus pas fâchée de cette circonstance; il est nécessaire de donner, en dehors des classiques, quelques exemples de bon style aux jeunes filles; il faut écrire d'après la manière de son temps, ne s'agirait-il que d'une lettre, et s'en agirait-il surtout. Étudier uniquement les écrivains du siècle de Louis XIV donne l'habitude d'employer des tournures de phrases pompeuses, et ces tournures deviennent ridicules, appliquées à de petits objets. Il va sans dire que je m'inquiétai d'abord de la pièce et m'informai du sujet.

Hélène et Geneviève furent les favorisées, celles qui profitèrent de l'invitation. Hélène faillit nous faire manquer le premier acte ; elle avait oublié ses gants, son éventail et sa lorgnette, et remonta trois fois de suite l'escalier pour réparer son oubli.

Le premier acte d'*Esther* fut écouté religieusement par une assistance composée en majorité de collégiens et de pensionnaires. Pendant l'entr'acte, on ouvrit la porte de notre loge et nous vîmes entrer Jacqueline Lemonnier, suivie de son institutrice.

— Tiens ! Jacqueline. Toi ici ? Depuis quand donc es-tu si classique ? s'écrièrent ses amies non sans une nuance de moquerie.

— Croyez bien, mes chères amies, que ce n'est pas *Esther* qui m'attire. Je viens d'arriver et n'entendrai que deux actes de la tragédie. C'est la seconde pièce que je veux voir.

A l'entr'acte suivant, fidèle à mon principe d'enseigner en amusant, je donnai aux enfants quelques explications au sujet d'*Esther;* je leur fis, pour ainsi dire, une petite conférence sur les circonstances dans lesquelles Racine avait composé ce chef-d'œuvre. Je leur racontai quelques détails sur les représentations de Saint-Cyr, et comment Louis XIV, sa canne à la main, se tenait à la porte de la salle et ne laissait entrer personne n'y ayant droit, personne qui ne fût autorisé par lui.

Ces particularités intéressèrent mes petites auditrices, et ce fut avec un redoublement d'attention qu'elles écoutèrent le troisième acte. Le chœur me parut surtout produire sur elles une grande impression. Il fallut bien leur expliquer que toutes les beautés admirées par elles n'étaient pas de Racine, et qu'une bonne part de son inspiration, dans les vers lyriques, était tirée des livres saints.

— Quel dommage, s'écria naïvement Geneviève, de n'avoir pas été petite fille du temps de Mme de Maintenon! Nous aurions joué la tragédie.

— Il ne tient qu'à toi, Geneviève, lui dis-je. Je pensais justement à *monter* Esther pour les fêtes de Pâques. Nous n'aurons pas de vrais décors, comme à Saint-Cyr; mais peut-être d'aussi bonnes actrices, si tes sœurs et toi en faites partie.

Ce fut un enthousiasme général ; Marthe ne parlait de rien moins que de prendre le rôle principal, et Jacqueline, qui nous avait rejointes à la sortie, demandait aussi un emploi.

— Pas du tout, pas du tout, disait Marthe. Tu n'aimes pas la tragédie, et tu y serais mauvaise.

— Bah ! reprenait Jacqueline, je te vaudrai bien. Je n'aime pas les pièces en vers ; mais je jouerais volontiers moi-même. Faute de mieux, un chef-d'œuvre me suffirait.

Il fut donc convenu que la représentation aurait lieu, et que j'irais trouver Mme Blavet et Mme Humbert pour leur demander que leurs filles nous prêtassent leur concours. La tragédie d'*Esther*, en effet, compte dix rôles, sans comprendre la figuration et le chœur. On convint d'y ajouter la musique des chœurs, supprimée au Théâtre-Français ; les *jeunes artistes*, comme elles s'appelaient, prétendaient faire mieux qu'à la Comédie.

Il y avait à choisir entre la musique de J.-B. Moreau et celle de Plantade, plus moderne, mais qui n'est guère meilleure. J'optai pour la première, dont les accompagnements me parurent plus simples et mieux en rapport avec des voix d'enfants.

Ce n'est pas une chose aisée d'organiser une représentation. La question des rôles à distribuer fut surtout importante et pleine de péripéties. Toutes voulaient jouer Esther ; Mardochée étant un vieillard, ce personnage trouva difficilement quelqu'un de bonne volonté pour le représenter. Enfin, je décidai Marthe à se charger du rôle. Ce fut en soupirant, et en ne parlant de rien moins que de son dévouement.

Jacqueline accepta sans se faire prier celui d'Assuérus ; elle devait avoir un costume superbe et une couronne d'or.

Je profitai des répétitions pour donner à ces jeunes filles quelques leçons de lecture à haute voix. Je leur fis lire à chacune son rôle entier, et elles s'accoutumèrent ainsi à bien comprendre le sens général de chaque passage, avant d'en venir à l'apprendre par cœur. Il fallut les corriger de mauvaises habitudes de prononciation, les accoutumer à faire sentir les *e* muets, et les empêcher de dire *lés* pour *les* et *fai* pour *fait*. L'une d'elles poussait le respect pour le texte imprimé jusqu'à réciter, ainsi qu'il était écrit :

Je n'ai fait que passer, il n'étoit déjà plus.

Mais quelles difficultés pour les réunir toutes !

Au jour fixé, les unes s'excusaient; d'autres manquaient sans avertir; Jacqueline avait une visite à rendre, Germaine était retenue par un cours de dessin; c'était quelquefois une promenade dont on ne voulait pas se priver. Je ne parvins à les rassembler que pour la répétition générale. J'organisai tout avec l'aide de Mme Émery. Ces demoiselles avaient voulu des costumes qui rappelassent ceux du théâtre, et Hélène, qui remplissait le rôle d'Esther, réussit même admirablement le sien. On appliqua, sur des étoffes de laine, d'artistiques découpures de percaline bleue ou rouge et quelques draperies d'ameublement en toiles d'Orient brodées complétèrent l'ensemble. Il y avait loin de là aux costumes de Saint-Cyr, qui, si l'on en croit la chronique, coûtèrent quatorze mille livres.

On passa des journées entières à coudre les costumes, d'autres à répéter les rôles; ces réunions n'étaient que des prétextes à se divertir, et le goûter n'en était pas la moindre attraction. Il y avait même des *actrices* qui n'arrivaient qu'à cette heure-là.

Mlle Dubois, si bonne musicienne, s'offrit avec sa complaisance accoutumée à tenir le piano; c'est à quoi se bornait l'orchestre.

Jeanne de Champfleurs et quelques jeunes filles, amies de la famille Émery et de Jacqueline Lemonnier, devaient chanter les chœurs.

Je dus m'occuper des décors ; car mes jeunes élèves en voulaient absolument deux. On sait que les deux premiers actes d'*Esther* se passent dans le palais, et le dernier, dans les jardins. Représenter un jardin dans un salon, sans le secours d'aucun décor, est singulièrement difficile ; mais je persuadai aux fillettes que la convention est tout au théâtre, et, m'appuyant de l'exemple de Shakspeare, je me servis d'une portière de vieille tapisserie pour figurer la magnificence des jardins de Suse. On y ajouta même quelques plantes véritables dans des cache-pots. Le tapis du salon, qui était à fleurs, dut compléter l'illusion.

C'est ainsi que j'arrivai, avec quelque peine, mais sans grands frais, à un résultat suffisant. Mais ce ne fut pas tout que de faire étudier et réciter les rôles ; il fallut donner des conseils au sujet des gestes, régler les mouvements en scène, les entrées et les sorties, apprendre aux petites actrices à marcher, à changer de place ; car elles avaient au début l'air d'écolières qui débitent une leçon.

La répétition générale fut détestable ; jamais

on n'avait si mal joué ; jamais on ne s'était tant disputé. C'est dans de pareilles circonstances que se dessinent les caractères. Rose Humbert, qui jouait Élise, fut plus que jamais enfant terrible ; Hélène eut une grave distraction ; elle confondit son rôle avec celui de Mardochée, à qui elle donnait la réplique, et ne s'en aperçut qu'à la fin de la scène. Colette se battit avec sa sœur ; c'était la première fois, depuis le commencement des répétitions, qu'elles se trouvaient ensemble ; il fallut les séparer, et, d'un bout du salon à l'autre, devant vingt personnes, elles continuèrent à se lancer des épithètes peu tragiques.

L'ancienne amitié de Germaine et de Geneviève s'était changée en antipathie ; chacune des deux critiquait le jeu de l'autre, et leur amour-propre s'offensait. Cela alla si loin que Geneviève, dépitée, annonça qu'elle rendrait son rôle plutôt que de jouer avec Germaine. Juliette et Jacqueline, les deux aînées, se tenaient en dehors de ces contestations enfantines ; Mlle Lemonnier étudiait ses effets, et Juliette se donnait des airs de traître pour bien remplir le personnage d'Aman.

Ce fut Hélène que je chargeai de composer les programmes ; elle s'adjoignit Germaine, qui

dessinait aussi, et, à elles deux, elles exécu-
tèrent de charmantes petites compositions.

Ainsi que je l'ai dit, la dernière répétition
avait été très mauvaise ; on devait représenter
la pièce le lendemain, et j'étais fort perplexe,
craignant d'obtenir, après tant de peines, un
médiocre résultat. J'avais compté sans l'amour-
propre de toute cette petite troupe.

Bien que la représentation eût lieu de jour,
on avait éclairé partout ; le lustre du salon, des
candélabres et quelques lampes composaient
l'éclairage de la salle et du théâtre ; un petit
salon, attenant au grand, formait la scène ; la
porte à coulisses, qui séparait les deux pièces,
avait été démontée. Une fillette de douze ans,
en robe de velours noir, avait ajouté à sa toilette un petit bonnet garni de rose et, voulant
absolument un rôle, faisait l'office d'ouvreuse
et offrait des poufs aux vieilles dames.

L'assistance était aussi nombreuse que le
permettaient les proportions de mon salon ; car
il avait fallu inviter, outre les pères et mères,
les petites amies des actrices, venues généralement avec elles. La famille Émery était au
grand complet ; Cyprienne avait une place
d'honneur, pour éviter toute réclamation.

Après avoir habillé les actrices, je pus enfin

aller recevoir mes hôtes, auprès desquels, jusque-là, Mme Émery m'avait remplacée.

On commença sans trop de retard.

Hélène, qui ouvrait la pièce par la scène entre Esther et Élise, fut bien un peu intimidée ; mais, à la seconde réplique, elle avait repris son sang-froid, et le monologue : « O mon souverain roi ! » fut dit par elle avec une grande intelligence. Le chœur aussi se distingua, et l'on rappela les artistes.

J'étais extrêmement surprise de voir la représentation marcher aussi bien. Le deuxième acte ne laissa non plus rien à désirer. Le changement de décor se fit aux yeux d'un public indulgent ; quelqu'un même de l'auditoire aida à transporter un palmier nain, principal ornement des jardins d'Esther, et tout s'acheva sans incident. Ma tentative, en somme, avait fort bien réussi.

Quand j'entrai *dans les coulisses*, pour complimenter Esther et Assuérus, qui, tous deux, avaient eu les honneurs de la journée, je trouvai Jeanne de Champfleurs en train d'apprendre à Marthe l'argot du métier et comme quoi il ne faut pas dire : A droite et à gauche, mais : Côté cour et côté jardin. Je n'étais pas en train de gronder, ce jour-là, et la leçon me paraissant,

d'ailleurs, assez drôle, je ne fis point d'observations.

On donna, quelque temps plus tard, une seconde représentation d'*Esther*, et Marthe, à
qui le rôle de Mardochée avait peu convenu,
récita cette fois le prologue avec beaucoup de
finesse et de goût. Jacqueline Lemonnier prit
Mardochée. Elle voulait, disait-elle, composer
ce personnage. Ce n'était là qu'un prétexte à
composer un nouveau costume.

Je promis à mes jeunes amies de chercher
une nouvelle pièce qu'elles pussent jouer, et
m'engageai, l'hiver suivant, à leur faire donner des représentations suivies. C'est, en effet,
la mise en train qui exige le plus de peine,
les mêmes costumes pouvant servir pour plusieurs pièces et les jeunes filles étant habituées
à bien dire après s'y être déjà exercées.

Au reste, l'été approchait et allait séparer
tout ce petit monde.

CHAPITRE XIV

On s'installe à la campagne. — Promenades.
Leçons de choses.

Nous devions passer ensemble, la famille Émery et nous, la belle saison à la campagne. Il avait été convenu que je chercherais une maison aux environs de Paris et que je choisirais un joli site, en évitant les endroits populeux et bruyants.

J'allai tout d'abord à Croissy. Plus loin que la nouvelle église, sur le bord de l'eau, presque en pleins champs, se trouvent de jolies habitations. Mais les propriétaires y résident pour la plupart. Un grand terrain, cependant, venait d'être vendu par lots ; c'était un ancien parc, dépendant de la propriété B... A... On y construisait des maisons ; l'une d'elles allait être achevée. La visiter et l'arrêter fut bientôt fait. Nous avions l'avantage ainsi d'être les premiers locataires, et, en voyant l'ameublement neuf, nous nous croyions, pour ainsi dire, chez nous.

L'installation suivit de près ; la maison était aménagée de telle sorte que nous pouvions vivre, les Émery et nous, côte à côte et sans nous gêner. Le point noir, au milieu de notre satisfaction, était la présence des vieilles demoiselles Émery ; mais il fallait bien les supporter. Elles avaient d'ailleurs quelques qualités, que l'on découvrait en cherchant bien, et pouvaient rendre de petits services dans l'administration de la maison. Et puis, il faut habituer les jeunes filles à supporter les défauts des vieilles personnes, et je ne craignais pas qu'elles fussent trop désagréables pour Marthe.

Le premier jour s'annonça mal, pourtant. Pendant qu'Hélène aidait à ranger les armoires, Juliette s'occupait à donner, disait-elle, à la maison un air habité. Cela consistait à mettre sur les tables des livres, des albums et jusqu'à des chapeaux et des châles, tandis que le panier à ouvrage de Cyprienne s'étalait sur un canapé. Mlle Émery aînée, qui de sa vie n'avait vu poser un ouvrage commencé sur un meuble, chercha sa tapisserie dans tous les tiroirs et sur toutes les tables. Quand elle la découvrit enfin, elle leva les bras au ciel et commença un long monologue contre le désordre des petites filles. Juliette était présente. Elle écouta

jusqu'au bout d'un air consterné, sans dire
une parole, sans donner le moindre signe
d'impatience. Enfin, quand Mlle Cyprienne
partit :

— Que dites-vous, madame, de mon courage? Ces scènes-là ne me font plus d'effet
maintenant. Devinez à quoi je pensais pendant
tout ce temps? Je me récitais à moi-même
le rôle d'Aman. Je ne vous demande pas ce
qu'elle a dit, car ce ne doit pas être bien amusant ; mais je vous affirme ne pas en avoir entendu un seul mot.

— C'est presque de l'héroïsme, ma chère Juliette.

— Comment ! cela n'en est pas tout à fait?

— Pas tout à fait, non. Mais tu aurais été
sublime, si, au lieu de te dire à toi-même des
vers, tu avais écouté sa prose...

— Ah ! c'est trop demander, madame.

— Si, après ce fort long discours, plutôt que
de la laisser partir en fureur, tu lui avais dit
quelques paroles douces pour l'apaiser !

— Eh bien, madame, je vous promets d'essayer la prochaine fois ; mais, si mes paroles
douces sont dites d'un ton un peu vif, vous
m'excuserez, je l'espère, à cause du manque
d'habitude. Pourtant, je ne désespère pas, avec

vos conseils, de rendre des points aux plus grands saints, dans peu.

Juliette tint sa résolution ; l'occasion ne tarda pas à s'offrir d'exercer cette rare patience. Elle laissa dire sa vieille tante, et, tout en lui redressant son bonnet, qui, dans ces circonstances perdait l'équilibre, elle trouva moyen, entre deux phrases, de lui glisser un mot aimable. Mlle Émery la regarda avec le plus profond étonnement.

Quand nous fûmes bien installées, et après les premiers jours passés à « s'y reconnaître », j'organisai des promenades. Nous fîmes quelques excursions en voiture ; je menai mes jeunes amies visiter le musée ethnographique de Saint-Germain, et, une autre fois, je les conduisis aux étangs de Saint-Cucufa, site aimé des peintres et où Hélène prit une charmante vue. Mais je préfère, pour les jeunes filles, les courses à pied, et, quand le trajet n'est pas trop long, j'estime qu'on ne doit pas hésiter à choisir cette manière de voir le pays. Les détails frappent davantage, car on a le loisir de s'y arrêter longtemps.

Et que de leçons on peut donner pendant ces promenades ! La moindre chose qui frappe les yeux devient un sujet d'enseignement et de

causerie. Passe-t-on à côté d'un champ de blé :
un épi, cueilli, est le prétexte d'une leçon de
botanique ; le professeur profite de l'occasion
pour expliquer à quelle famille il appartient
et pour raconter ses transformations. J'appris
ainsi à Marthe et aux demoiselles Émery une
foule de choses très ordinaires, que les gens
du monde connaissent peu.

Par exemple, mes petites élèves surent bientôt reconnaître le seigle du blé et apprirent que
la moisson de l'avoine est la dernière faite.
Outre ces notions usuelles, je leur faisais expliquer à elles-mêmes à quelle famille appartient chaque plante et appliquer ainsi les études
de botanique qu'elles avaient déjà commencées
au cours. Hélène, qui se croyait très forte dans
cette science, parce qu'elle savait distinguer une
corolle monopétale d'une polypétale, s'aperçut
qu'il lui restait beaucoup de choses à apprendre
et se mit au travail avec acharnement. Elle voulut avoir un herbier et se livra à des classifica-
tions à rendre jaloux M. de Jussieu. Les plantes
des champs ne leur suffirent pas, et Marthe
se consacra à l'étude de tout ce qui croissait
dans le potager. Ce fut sa spécialité, son domaine, et elle demanda même au jardinier des
leçons supplémentaires.

Bien que ce fût pousser un peu loin le zèle, je ne me plaignais pas de cette ardeur de savoir, persuadée que c'est ainsi et par des goûts spéciaux que les enfants s'instruisent, pensant aussi qu'elles apprendraient de cette manière à aimer la campagne, en s'intéressant à tout ce qui la concerne.

Je dirigeai, un jour, notre promenade du côté du bois du Vésinet. J'avais l'intention de faire à mes fillettes une leçon au sujet des arbres, pour qu'elles ne fussent pas exposées à confondre, comme certains Parisiens de ma connaissance, un sycomore avec un platane, ou un peuplier avec un bouleau.

Je fus étonnée de trouver mes élèves presque aussi instruites que moi-même ; elles s'étaient renseignées de-ci, de-là, et je m'applaudis de leur avoir inculqué ce goût de s'enquérir, qui, bien dirigé, seconde l'enseignement du professeur. Je me bornai donc à quelques observations générales, à propos des arbres de nos forêts, et j'y ajoutai des explications sur la coupe des bois.

Mais je ne m'en tins pas là — car enseigner est ma manie — et le chant des oiseaux me fournit un nouveau thème de réflexions.

Il ne suffit pas, en effet, de donner des notions scientifiques sur les choses, il faut porter les jeunes esprits à réfléchir et à admirer.

Ce concert que les oiseaux se donnent à eux-mêmes, nous ne l'écoutons qu'en passant, et pourtant quelle harmonie ! quelle justesse ! « Tous les sons de cet ensemble composent un chœur que les hommes ont mal imité [1]. »

Savoir dire, en écoutant la voix, quel est le chanteur, c'est une satisfaction de dilettante que mes petites compagnes se donnèrent bientôt. Le roitelet, la mésange, la fauvette et le pinson devinrent nos familiers ; on reconnaissait leur plumage ; on les distinguait à leur chant. Je fis remarquer aussi à Marthe et à ses amies la manière particulière dont chaque oiseau construit son nid, toute l'industrie qu'il met en œuvre pour ce travail. Nous trouvions souvent des nids dans les taillis : les uns véritables ouvrages d'art, d'autres construits grossièrement. Des branchages, du foin, du crin et de la mousse, tels sont les principaux matériaux qui servent à ces petits architectes.

L'hirondelle emploie le ciment et le mortier. Plusieurs de ces oiseaux étaient venus s'installer à la maison, dans l'angle extérieur des

1. Rollin, *Traité des études.*

fenêtres; Marthe s'intéressait à les épier, pour les voir apporter à leurs petits leur nourriture.

Un jour, dans une de nos promenades, nous aperçûmes des abeilles entrant dans le creux d'un arbre mort; elles avaient établi là leur colonie et bourdonnaient autour de nous, comme conscientes de quelque danger. J'engageai les enfants, qui les chassaient déjà avec des branches d'arbres, à rester tranquilles, afin de ne pas les exciter. Nous nous tînmes donc sans bouger, et assistâmes à une vraie bataille, car c'est d'une bataille qu'il s'agissait.

Une jeune reine venait de sortir de son nid, et, tandis que toutes les abeilles cherchaient à l'empêcher de voler au dehors, la vieille reine s'approchait d'elle pour la percer de son aiguillon. C'était une question de vie ou de mort entre les deux rivales. Au milieu du tumulte qui résultait de tout ce manège, la vieille reine sortit enfin, avec toute l'apparence de la colère. Elle avait été vaincue, et, suivie d'une grande partie de ses sujettes, elle se retirait, pour fonder ailleurs un nouvel essaim.

Ce fut l'occasion de parler des mœurs de ces intéressants petits insectes et de la fabrication du miel.

— Chaque ruche, dis-je, se compose d'envi-

ron six mille abeilles ouvrières, sans compter
les faux bourdons ou mâles. Ce sont les ouvrières qui exécutent les travaux nécessaires
à l'existence de leur société ; les unes restent à
l'intérieur de la ruche et s'occupent de l'éducation des petits ; les autres, appelées *cirières*,
récoltent le pollen des fleurs et le suc renfermé
dans le nectaire de ces mêmes fleurs. Ce suc
se transformera en miel et servira à la nourriture des abeilles, tandis que le pollen et une
certaine matière résineuse, recueillie sur quelques plantes, deviendront la cire. C'est avec
leurs pattes, conformées pour cet usage, que
les abeilles font leurs provisions.

Ces détails ayant intéressé mes jeunes amies,
je les menai, à quelques jours de là, chez un
éleveur d'abeilles qui habitait les environs.
Elles purent voir les *gâteaux* de cire à deux
couches de cellules hexagones, que ces indus-
trieux insectes construisent avec une précision
et une symétrie admirables.

— Quand vous serez plus avancées en littérature, leur dis-je, vous lirez le quatrième livre
des *Géorgiques*, où il est question des abeilles ;
bien qu'il ne faille pas prendre au pied de la
lettre tout ce que Virgile en raconte. Les anciens (à commencer par Aristote et Pline) sont

pleins de notions fausses en ce qui les concerne. Même aujourd'hui, dans nos campagnes, nombre de traditions ou plutôt de superstitions existent encore, dont les abeilles sont l'objet. J'ai connu des cultivateurs, possesseurs de ruches, qui, se trouvant en deuil, avaient soin de mettre un crêpe à la demeure de leurs pensionnaires, de peur que celles-ci ne se fâchassent d'un manque d'égards : « Elles nous quitteraient », prétendaient-ils.

Les abeilles avaient autrefois la réputation de ne se plaire que chez les gens vertueux. Sans partager cette croyance, il faut convenir qu'elles nous donnent des exemples de sagesse et d'activité dignes de nous faire réfléchir. Aussi bien, et comme le disait un grand éducateur de la jeunesse, c'est faute d'esprit et de lumière, quand de tels prodiges excitent peu d'admiration.

La tribu des fourmis nous offrit bientôt un nouveau sujet d'étude ; dans nos promenades à travers bois, nous en rencontrions constamment. Marthe et ses compagnes s'arrêtaient à les regarder et à suivre leur incessant va-et-vient. Je leur expliquai qu'elles assistaient au *déménagement* de quelque fourmilière.

— Madame, me dit Juliette, est-ce que les

fourmis sont de quelque utilité à l'homme ?
N'a-t-on pas trouvé moyen de tirer parti de
leurs travaux, comme on l'a fait pour les
abeilles ?

— Pas que je sache, lui répondis-je. Elles lui
sont plutôt nuisibles, en volant les petites provisions qu'elles peuvent emporter. Il est vrai
qu'elles se nourrissent surtout du suc des plantes ; mais leur récolte se consomme chaque
jour ; il est rare de trouver des fourmis aussi pré-
voyantes que celle de La Fontaine. Elles bâtis-
sent généralement leur demeure sous terre et
creusent un grand nombre de chambres, divisées par étages et reliées par des galeries.
Quelquefois une colonie s'établit dans un vieil
arbre ou dans une bâtisse abandonnée ; elles
travaillent le bois, pourvu qu'il soit tendre, et
y disposent les mêmes chambres et les mêmes
galeries que dans les fourmilières ordinaires.

Les ouvrières sont dépourvues d'ailes ; ce
sont celles que vous voyez passer et repasser
avec un air affairé.

— Maman, dit Marthe, qu'est-ce que cette
fourmi porte sur sa tête ? Regardez donc.

— Ma chère enfant, c'est une larve, autrement dit une petite fourmi sortie de l'œuf, mais
qui n'est pas encore arrivée à son complet

développement. Vois, sa nourrice, car c'est ainsi qu'on l'appelle, la mène au dehors pour l'exposer aux rayons du soleil. Si quelque ennemi s'avance, elle la défendra et la rapportera dans son nid à l'approche du soir.

— Mais c'est très intelligent, ces petites bêtes-là !

— Très intelligent, je t'assure, ou, du moins, Dieu les a pourvues d'un instinct bien admirable ! Par exemple, il faut avouer, ajoutai-je en plaisantant, que le sentiment de la justice est peu développé chez elles et qu'elles ne distinguent guère le tien du mien. Je voudrais que vous assistassiez à une de leurs batailles, quand une colonie paresseuse va faire la guerre à une espèce plus faible, pour lui enlever ses larves et ses nymphes, qu'elles transportent alors dans leur fourmilière. Là, les prisonnières sont élevées en esclaves et dressées à exécuter seules les travaux de la communauté.

— Est-ce que les fourmis filent, comme les abeilles ?

— Parfaitement, ma fille.

— Et de même aussi les vers à soie, ajouta Hélène, qui avait une sympathie particulière pour ces insectes.

— Quelle comparaison ! dit Marthe avec dé-

dain ; deux animaux d'ordres différents : les
fourmis, comme les abeilles, sont des hymé-
noptères, tandis que le ver à soie appartient
à l'ordre des lépidoptères, avec tous les papil-
lons.

— Bravo ! Marthe ; quelle science ! s'écria
Hélène. Mais à quoi cela sert-il de savoir des
noms ? Il est bien plus intéressant d'étudier les
habitudes de ces petites bêtes.

— Hélène, dis-je à mon tour, toi qui aimes
tant les vers à soie et qui mets à contribution,
pour nourrir ceux que tu élèves, l'unique mûrier de notre jardin, sais-tu à quel pays le mûrier a donné son nom ? A la partie de la Grèce
qu'on appelle *Morée*, et dans laquelle le ver à
soie a été importé au moyen âge. Deux moines
grecs l'avaient introduit en Europe vers le milieu du sixième siècle — car, ainsi que vous le
savez, le ver à soie, aussi bien que le mûrier,
sans lequel il ne peut exister, est originaire de
la Chine.

— D'où vient, mère, dit Marthe, le nom de
magnanerie ?

— De *magnan*, qui est le nom des vers à
soie en Provence. C'est, en effet, dans le Midi
qu'on en élève le plus grand nombre.

A la suite de ces explications, il fallut encore

donner à mes jeunes amies d'autres détails. Elles voulurent savoir la façon dont on élève les vers à soie dans les grands établissements de Provence. Je leur décrivis les diverses préparations par lesquelles passe la soie avant de devenir une étoffe et de servir à leur habillement.

Ainsi leurs observations me servaient chaque jour de prétexte à leur apprendre des choses nouvelles, et, par l'industrie des animaux, par la constitution des plantes, je tâchais de leur rendre sensible la providence et la sagesse infinie de l'auteur de toutes ces merveilles.

CHAPITRE XV

L'ÉTOURDERIE ET L'INDISCRÉTION. — LA PEUR.

L'étourderie et l'indiscrétion. — Trop de précautions est
un danger. — La pusillanimité. — La peur.

— Maman, dites-moi, l'étourderie et l'indiscrétion, est-ce la même chose? Vous me reprochez souvent d'être étourdie, et hier, en-
tendant faire un très vilain portrait d'une
personne indiscrète, qui par son intempérance
de langue a brouillé des amies, je me deman-
dais avec effroi si je ressemblais vraiment à
cette jeune fille.

— Ma chère petite, l'étourderie et l'indiscrétion, qui peuvent produire les mêmes effets,
ont généralement une cause différente : l'étourderie est irréfléchie ; l'indiscrétion est presque
toujours volontaire.

— Je comprends, maman, et je suis contente
de penser que je suis moins coupable que cette
demoiselle dont on parlait.

— Ne te repose pas sur cette idée, mon enfant, et songe au contraire que, sans le vouloir, tu peux faire autant de mal qu'elle.

L'étourderie est un défaut d'attention, de prudence, de prévoyance ; c'est une habitude de céder aux premières impulsions, sans réfléchir, sans examiner quels en seront les résultats. Un mot lancé étourdiment peut causer le même mal qu'une indiscrétion volontaire. Une seule faute d'étourderie peut faire injustement juger une personne.

L'étourderie, excusable dans l'enfance, rendrait insupportable une jeune fille remplie d'ailleurs de qualités. Une personne étourdie ne calcule rien : elle entre dans un salon et dérange des gens qui causent ; elle interrompt la lecture de quelqu'un pour lui adresser une question oiseuse ; elle oublie de s'acquitter d'une commission dont elle s'est chargée ; aucun secret ne peut lui être confié ; elle le divulguera sans s'en apercevoir ; elle parle des affaires des autres et des siennes sans réflexion et sans mesure. N'examinant rien, elle ignore la nature des choses ; ou bien elle les confond, ne sachant dans quel ordre les unes se traitent, ni de quelle importance peuvent être les autres. Il est impossible, plus tard, de bien diriger une maison, des enfants et soi-même, si l'on n'a point un esprit réfléchi et une conduite profondément méditée. C'est pourquoi, ma chère fille, je veux te prémunir contre un défaut qui, en ce moment, est peu de chose, mais qui, en s'aggravant, ferait le malheur de ta vie.

— Oh! maman, c'est terrible, en effet, tout ce que vous me dites là, et je vais bien me surveiller pour ne pas être *une étourdie*.

— Bien, ma chérie, avec un peu d'attention et de réflexion, tu te corrigeras aisément. Je connais assez ton cœur pour savoir que tu ne causeras jamais sciemment un chagrin à quelqu'un ; mais l'idée que tu pourrais le faire en parlant inconsidérément te rendra prudente.

— L'indiscrétion, plus répréhensible au fond, n'est guère plus dangereuse, à ce que je vois, me dit Marthe avec un regard interrogateur.

— En effet, lorsqu'elle vient de l'irréflexion, elle ressemble fort à l'étourderie. Je me rappelle le portrait que fait Mme de Maintenon d'une personne indiscrète. Veux-tu que je le cite?

— Certainement, maman.

« L'indiscrétion, dit-elle, est ce qu'il y a de pire pour la société ; c'est ce qui fâche continuellement, c'est ce qui se trouve à tout. On est indiscrète à toute heure, en tout temps, et avec toutes sortes de personnes. L'indiscrète fâche sans vouloir fâcher ; elle entre mal à propos, elle sort à contretemps ; elle parle toujours d'elle-même ; elle rompt en visière ; elle écoute ce qu'on ne veut pas qu'on entende ; elle n'entend pas ce qu'on veut qu'elle sache ; elle raille de la laideur devant une personne laide ; elle attaque la pauvreté devant les gens qui ne sont pas riches et qui s'en font une honte ; elle se déchaîne contre le peu de naissance en présence des personnes qui n'en ont point ; elle tourne la vieillesse en ridicule devant ceux qui ne sont plus jeunes ; en un mot, elle dit tout ce qu'il faut taire. »

— Voilà, certes, un vilain tableau, s'écria Marthe, et j'y vois des traits qui pourraient s'appliquer à ce que vous me disiez tout à l'heure de l'étourderie.

— Tu le reconnais toi-même ; c'est bon signe.

Marthe me paraissait si frappée des inconvénients de l'étourderie et de l'indiscrétion que je jugeai à propos de lui donner une idée des devoirs qu'impose la qualité contraire à ces défauts : la discrétion.

— Je cause avec toi comme avec une femme, ma chère petite, parce que je sais que tu me comprends et que tu appliqueras par la suite les principes que je te donne.

Toutes les fois que je m'adressais ainsi à sa raison, j'obtenais de ma fille un redoublement d'attention.

— Une des choses qui contribuent le plus à nous rendre heureux, vois-tu, c'est la sympathie, l'affection de nos semblables. Nous sommes appelés à vivre dans la société, et il n'est pas de qualité plus essentielle à acquérir, pour y *bien* vivre, que la *discrétion*. La discrétion comporte bien des nuances. Elle consiste d'abord à garder fidèlement les secrets qui nous sont confiés; elle nous défend, si nous entendons dire une méchanceté ou une plaisanterie, d'aller le répéter à la personne qu'elle concerne; elle exige encore que nous nous taisions si nous avons découvert ou deviné une chose qui puisse nuire à quelqu'un; dans notre famille ou dans notre cercle d'amis, elle nous impose le devoir de maintenir la paix et la concorde en ne répétant jamais les mots désobligeants qu'un moment d'humeur peut inspirer aux uns sur le compte des autres. Notre conduite en ce cas doit être de faire tout ce que nous pouvons pour concilier les choses en cachant aux intéressés ce qui pourrait les aigrir contre ceux qui ont eu le tort de mal parler d'eux. Nous devons aussi nous garder de cette curiosité frivole, qui pousse à s'enquérir de tout ce qui se passe et à se mêler des affaires d'autrui sans y être convié.

Cette discrétion, cette sûreté dans les relations, donne à une jeune fille un caractère qui la fait estimer et rechercher de tous. Tu vois, ma chérie, que la discrétion est une sorte de réserve éclairée, une retenue prudente de nos paroles, ayant pour but de ne jamais rien dire qui puisse blesser ou compromettre personne.

— Mais, maman, avec mes amies intimes, avec Geneviève, par exemple, je peux dire sans réfléchir tout ce que je pense, tout ce qui me vient à l'esprit.

— Et pourquoi donc, ma fille ? Penses-tu qu'à cause même de ton amitié pour Geneviève, il te soit permis de ne pas te gêner avec elle et de lui dire quelque chose qui lui fasse de la peine ?

— Oh ! je ne dis pas cela, maman, mais c'est bien difficile de toujours peser ses paroles et de calculer tout ce qu'on veut dire !

— C'est plus aisé que tu ne crois. Il suffit pour cela de penser beaucoup plus aux autres qu'à toi-même. Nous connaissons généralement le fort et le faible de nos amis; nous pouvons donc, et nous *devons* respecter leurs petites faiblesses, en nous abstenant de dire un mot qui puisse les contrarier ou les blesser. Serais-tu bien aise qu'on ne fît pas de même pour toi, qui as bien aussi tes côtés faibles ?

— Vous avez raison, maman, et je vois que Geneviève est meilleure que moi ; car elle ne me dit jamais que des choses aimables, et moi, sans y faire attention, je crois que parfois je la blesse. Ainsi hier, je la plaisantais sur un de ses dessins ; je le trouvais vraiment si drôle que j'ai été prise de fou rire, et voilà que je l'ai vue devenir toute rouge. Elle s'est levée aussitôt, a remis ses affaires en ordre et s'en est allée sans rien dire. Moi, je suis restée un peu interloquée, d'abord ; et puis, ma foi, je n'ai pas couru après elle. Je pensais qu'elle avait tort de se froisser pour si peu. J'avais ri, mais je me disais que c'était tout naturel ; que ce n'était pas ma faute, etc. Enfin, maman, je me suis donné une foule de raisons pour m'excuser, et j'y suis si bien parvenue que j'ai tenu rigueur à Geneviève : vous venez de m'éclairer sur ma conduite, et je cours demander mon pardon.

Je connaissais la susceptibilité de Geneviève, qui prenait mal la plaisanterie en général, et qui ne pouvait supporter la moquerie la plus innocente. Mais je me gardai de dire à Marthe ce que j'en pensais, et je la laissai tout à son généreux dessein. Il ne manquait à cette nature exquise qu'un peu plus de réflexion, et je ne laissais jamais échapper une occasion de raisonner avec elle à ce sujet.

Nous avions pour voisins, à Croissy, M. et Mme de Rémond. Des amis communs, qui vinrent passer avec nous une journée, nous mirent en rapport avec eux. Ils avaient une fille de l'âge de Marthe; celle-ci rencontrait chaque jour dans ses promenades Mlle de Rémond, et la connaissance était presque faite quand on les présenta l'une à l'autre.

Adeline fut dès lors de toutes nos parties. C'était une aimable petite fille, d'un caractère naturellement doux, même un peu timide.

Je découvris bientôt que cette timidité avait pour principe un grand fonds de mollesse et devenait parfois de la pusillanimité.

Réprimander les enfants des autres n'entre pas dans mes idées; il faut éviter, à mon avis, de froisser des parents peut-être susceptibles. Trop de personnes se laissent entraîner à des observations désobligeantes, qui ne corrigent pas. L'assentiment seul des parents peut nous donner le droit de faire une remontrance. —

J'en usais ainsi à l'égard des demoiselles Émery. — Mais ce qui nous est du moins permis, j'ajouterai, ce qui nous est commandé, c'est d'empêcher nos propres enfants de prendre, par contagion, les habitudes de leurs camarades, même quand ces habitudes ne constituent pas un défaut sérieux.

On verra plus loin que je fus obligée de montrer une certaine sévérité pour Marthe à ce propos ; quelques-uns des travers de sa nouvelle amie seraient, sans cette précaution, bientôt devenus les siens.

Outre Adeline, M. et Mme de Rémond avaient aussi deux fils ; ceux-ci vinrent passer leurs vacances à Croissy. L'aîné était ce qu'on appelle *un sauvage ;* il aimait l'étude et fuyait la compagnie des petites filles ; mais l'autre, d'un caractère plus sociable, fut engagé comme *nouvelle recrue* dans ce que Juliette nommait plaisamment *mes troupes de marche.* André inventait chaque jour de nouveaux jeux et organisait des excursions, en collaboration avec moi.

On monta un jour une partie de pêche. Le lac du Vésinet est plein de poissons microscopiques, que les enfants s'amusent à prendre dans de petits filets à mailles très serrées.

Le plaisir de cette pêche trop facile consiste pour eux à barboter les pieds nus dans l'eau. Un endroit du lac, en effet, parsemé de pierres, n'offre aucun danger sous le rapport de la profondeur.

Nous partîmes par un beau temps, un peu frais.

Adeline eut pendant toute la durée de la promenade l'air contraint et préoccupé ; elle s'efforçait, par boutades, de paraître gaie ; puis elle retombait dans sa tristesse. Nous ne tardâmes pas à savoir la cause de cette bizarrerie d'humeur.

Quand il s'agit de commencer la pêche, Adeline resta seule près de moi sur le bord de l'eau.

— Eh bien, Adeline, lui dis-je, qu'attendez-vous pour suivre les autres?

— Je ne pêcherai pas, madame ; car je prendrais froid en sortant.

— Mais la marche vous réchauffera. Votre mère vous a-t-elle défendu de pêcher avec vos amies?

— Oh ! non, madame. Seulement, je suis si délicate, que je prends pour moi-même des précautions.

Tant de *raison* me confondit, et je ne dis rien.

Mais quand Marthe sut la cause qui retenait Adeline, elle sauta elle-même sur le rivage et s'écria d'un air effrayé :

— C'est vrai, ça, maman ! Si nous allions nous enrhumer !

Je grondai ma fille et lui fis honte. Elle n'était pas si délicate « qu'il lui fallût prendre pour elle-même tant de précautions ».

André accabla sa sœur de toutes les épithètes synonymes de *poule mouillée*. Mais Adeline tint bon et se priva volontairement de prendre part à la pêche.

Le lendemain, j'allai voir sa mère :

— Adeline, me dit Mme de Rémond, a été bien fatiguée de sa promenade. J'ai eu tort de la laisser aller jusque-là, sachant la distance.

Et Adeline reprit d'un ton dolent :

— Ah ! oui, c'était bien loin pour moi.

Or Marthe ne s'était jamais plainte de la longueur d'une course ; pour la première fois, je l'entendis dire :

— J'ai cru que la route n'en finirait plus.

Nous nous rendîmes au jardin-fleuriste ; M. de Rémond nous fit visiter ses serres, qui étaient superbes. Le fils aîné, nous ayant accompagnées, daigna donner aux jeunes filles quelques explications sur la flore des tropiques. Une des serres chaudes renfermait les plus beaux et les plus rares spécimens de cette végétation.

M. de Rémond cultivait ses plantes avec amour. Je faisais à part moi la réflexion qu'il soignait sa fille de la même manière que ses arbustes précieux ; mais que ceux-ci ne sauraient vivre exposés aux intempéries, tandis qu'une plante de nos climats s'étiole dans une atmosphère surchauffée.

La figure d'Adeline exprima tout d'un coup une vive inquiétude.

— Papa, demanda-t-elle, est-ce que je ne vais pas prendre froid en sortant ? J'ai oublié mon paletot.

M. de Rémond, au lieu de prémunir sa fille contre une crainte exagérée, envoya quelqu'un chercher un manteau dans lequel Adeline s'enveloppa pour se rendre au jardin. Il faisait ce jour-là, dehors, une température de vingt degrés.

J'eus peu de temps après un nouvel exemple de la mollesse d'Adeline, de sa délicatesse exagérée. Elle avait été invitée à dîner avec ma fille et Mlles Émery. Elle mangea peu, du bout des dents et refusa de plusieurs plats. Les sœurs de M. Émery, présentes à tous nos repas, en firent assez maladroitement la remarque.

— Je ne puis pas manger de ceci, madame, ni de cela, dit Adeline d'un air navré. Cela me ferait mal à l'estomac.

Ainsi, cette pauvre enfant, très bien portante, se privait de beaucoup de mets qu'elle aimait, de crainte de nuire à sa santé, et cette santé était l'objet de ses préoccupations continuelles.

Comme je l'ai dit, Marthe avait une tendance à imiter ses amies, et, le lendemain, elle s'abstenait de toucher à une tarte, parce que la pâtisserie n'est pas une chose digestive.

Je me fâchai alors et pris l'occasion de lui adresser une vive remontrance au sujet de cette mollesse qui consiste à tout craindre pour soi et à s'occuper de sa personne à tous les instants de la journée.

C'est, en effet, une bien funeste disposition d'esprit que celle qui nous fait continuellement appréhender un danger pour nous - mêmes. Comment une maison pourra-t-elle être dirigée par une femme qui ne s'occupe que de sa personne et de sa santé, qui ménagera ses pas par crainte de la fatigue et n'osera porter un objet lourd. Mme de Maintenon parlait de cette mollesse dans des termes qu'il faut citer. Ce défaut consiste, d'après elle, « dans la délicatesse à craindre la moindre incommodité, à ne point supporter le froid, le chaud, la pluie, une mauvaise odeur, la privation d'un repas, le retranchement d'une heure de sommeil, de récréation ; à compter pour quelque chose les plus petits maux, à s'attendrir sur soi-même pour la plus légère infirmité, à s'en plaindre jusqu'à en fatiguer les autres, et vingt choses semblables ». « Il faut exercer les filles, dit-elle, à n'être point délicates et à contribuer d'elles-mêmes, par leur propre volonté, à s'élever un peu durement. »

Un autre genre de pusillanimité consiste à ne pouvoir supporter la souffrance chez les autres. J'ai connu telle personne qui, s'étant blessée gravement, ne poussait pas une plainte, et qui s'évanouissait devant une simple écorchure qu'une autre personne s'était faite. C'est surtout l'aspect du sang qui produit ces effets nerveux.

Un jour, tandis que je me promenais dans le jardin, Juliette et Geneviève arrivèrent à moi en courant, avec des mines terrifiées :

— Madame, madame, allez au secours d'Hélène, elle s'est fait un mal épouvantable ; elle a une blessure horrible à la main.

— Et où donc est Hélène? demandai-je.

— La voilà derrière nous !

Et elles se sauvèrent dans une direction opposée.

La pauvre Hélène s'était effectivement blessée au doigt d'une façon cruelle; une phalange était presque emportée et pendait; le sang coulait en abondance. Je fis appeler en hâte le médecin, et, après un premier pansement, j'avertis Mme Émery. Celle-ci avait assez de force d'âme pour se surmonter; je la vis néanmoins pâlir et s'appuyer à la cheminée. La souffrance de sa fille était dans sa faiblesse pour bien moins que la vue d'une plaie.

Le docteur affirma qu'il n'y avait pas de sujet de craintes, que l'amputation était inutile et que le doigt se recollerait à l'aide d'un petit appareil qu'il installa.

Après les premiers soins donnés à Hélène, je m'étais informée des causes de l'accident. On sait qu'Hélène s'occupait souvent de jardinage, et même de travaux en dehors de sa compétence. C'est avec une serpe, en voulant tailler une branche d'arbre, qu'elle s'était si grièvement coupé le doigt. Ses sœurs avaient pris la fuite, ne pouvant supporter la vue de cette main ensanglantée. Comme elles n'osaient s'avouer à elles-mêmes la cause de leur effroi, elles avaient pris pour prétexte la nécessité de me prévenir. Une heure après, je les trouvai, toutes pâles encore d'émotion, enfermées dans leur chambre, et je leur fis de vifs reproches de leur conduite à l'égard d'Hélène.

Marthe n'avait pas été témoin de toutes ces péripéties ; elle avait passé cette journée chez Adeline et ne revint qu'après dîner. Je voulus qu'elle assistât le lendemain au pansement du doigt de son amie, et même qu'elle aidât le médecin dans les petits soins à lui donner. Mon but était de l'aguerrir, de la soustraire à ces craintes pusillanimes qui paralysent la plupart des femmes en pareille circonstance. A-t-on besoin de leur aide dans un accident, au lieu de vous rendre service, elles se trouvent mal et sont pour vous une cause de nouveaux embarras.

Cette sensibilité extrême doit être corrigée chez les jeunes filles. Il faut, de bonne heure, les habituer à surmonter des répugnances ridicules et leur faire détester toute lâcheté.

Il est des personnes qui ne peuvent rencontrer un infirme sans pâlir ; elles ne feront jamais l'aumône à un estropié. D'autres ont des terreurs subites et folles causées par les plus petits objets ; elles s'évanouissent à la vue d'une araignée. On peut excuser jusqu'à un certain point le dégoût qu'inspirent certains animaux. Encore faut-il surmonter sa crainte et la raisonner. On peut se débarrasser d'un hanneton ou d'une chenille, sans être agitée de frissons d'horreur.

Je m'appliquais à soustraire Marthe à ces fâcheuses impressions, non en lui faisant éviter les causes de frayeur, ce qui n'aurait rien résolu, mais en l'accoutumant à supporter l'aspect des animaux les plus répugnants.

Ce n'est pas seulement la crainte des choses dont on se rend compte qu'on doit tâcher de corriger. Il y a une autre peur, encore plus nuisible, encore moins fondée, qui jette dans des états de tremblement pour un son entendu, pour une ombre aperçue. Marthe, dans son enfance, était sujette à des terreurs subites et inexpliquées. Je cherchais de mon mieux à la rassurer, et ma présence souvent y suffisait. Il ne lui était pas arrivé depuis longtemps de manifester de ces craintes, et je l'en croyais guérie ; mais je m'étais bien trompée. En voici la preuve :

Un soir, nous rentrions toutes deux ; nous avions pris par le bord de l'eau. La Seine, en

cet endroit, est profonde, et le bord, en pente
douce du côté des ponts, devient peu à peu
escarpé, aride et pierreux. Nous avions à
gauche la rivière, à droite des escaliers et des
grilles, qui conduisent aux propriétés, dont
les jardins descendent jusqu'à la route. Marthe
se plaignait d'avoir froid, et je pense qu'un
peu de crainte avait causé ce malaise. Elle
portait une lanterne et l'agitait en tous sens,
machinalement. Sa lanterne s'éteignit; nous
continuâmes la route dans l'obscurité. Tout à
coup, Marthe poussa un cri terrible, lâcha
mon bras qu'elle tenait et prit une course
folle, descendant de biais le talus. Si son pied
eût manqué, elle fût tombée à l'eau; le
danger qu'elle courait était imminent. Il
allait m'échapper un cri, mais j'eus la force
de le retenir. Je m'approchai doucement de
Marthe, qui s'était arrêtée enfin sur la pente
et se cramponnait à une touffe d'herbe. J'eus
beaucoup de peine à lui faire lâcher prise, à la
ramener dans le chemin.

— Qu'est-ce donc qui t'a si fort effrayée?
lui demandai-je.

Ses dents claquaient, elle était glacée; elle
me répondit seulement :

— Là, là.

Et elle me montra au loin je ne sais quelle forme d'arbre que je n'avais pas moi-même aperçue.

Il fallait lui faire comprendre que l'objet de sa terreur était un arbre; son esprit frappé se refusait à toute réflexion. Ce qu'elle avait vu, elle n'en savait rien; commé les enfants, elle avait eu peur, et voilà tout.

Nous revînmes sur nos pas, et je l'obligeai à me suivre; peu à peu, la forme terrible s'accusait mieux; nous marchions lentement, pour que Marthe pût se rassurer par degrés. Quand elle vit clairement la cause de son épouvante, le calme lui revint tout à fait, avec un léger sentiment de honte de s'être montrée si enfant.

Mme Guizot, dans un ouvrage remarquable, fait très bien observer que la peur précède le sentiment du danger; c'est une impression subite, inattendue : « Un enfant qui a peur crie parce qu'il a peur, sans songer à se demander s'il a réellement peur de quelque chose ; il éprouve un sentiment désagréable, et il l'exprime. »

Une grande personne voudra trouver une raison à sa frayeur, et son amour-propre lui en suggérera une. Il faudrait cependant prémunir les parents eux-mêmes contre ces impressions machinales d'effroi, qui font le plus fâcheux effet sur l'esprit des enfants et, dans quelques circonstances, deviennent funestes.

— Une mère voit son fils appuyé sur la balustrade d'un balcon et le corps penché en dehors; si elle le rappelle brusquement, le petit garçon, qui prendra peur, pourra faire un faux mouvement et tomber.

En pareil cas, le meilleur conseil à donner aux mères — et je veux m'arrêter un instant sur ce sujet, qu'il ne me paraît pas inutile de traiter ici — le meilleur conseil, dis-je, c'est d'expliquer à l'enfant le danger qu'il court; quelques réflexions à ce propos lui vaudront mieux qu'une réprimande. Comment, en effet, reprocher à un enfant de s'être exposé à un danger qu'il ne connaît pas! On le peut sans le rendre poltron, car la poltronnerie n'est pas à confondre avec la prudence. Éviter l'exagération dans les précautions qu'on lui commande, voilà la règle pour empêcher cette prudence de devenir de la poltronnerie.

On doit parler à l'enfant de sa maladresse, ne pas lui laisser croire qu'un objet, comme par exemple un couteau, est dangereux par lui-même : il pourra s'en servir plus tard, quand il aura plus d'adresse ou plus de force. Mettons-nous bien en l'esprit qu'il n'y a de lâcheté aucune à éviter un péril certain, quand s'exposer à ce péril n'est d'utilité pour personne. « La lâcheté n'est point la connaissance du danger, mais l'oubli des forces que nous avons à lui opposer [1]. »

J'ajouterai une autre observation : il faut apprendre à l'enfant à subir avec courage les conséquences de son imprudence ; ses parents lui feront comprendre qu'il doit supporter sans se plaindre le mal dont il souffre par sa faute. L'habituer au courage, même en s'adressant à son amour-propre, n'est pas une chose à négliger.

Plus tard, on comprend de soi-même la nécessité de se taire sur les maux qu'on s'est attirés. Tel était le cas pour Hélène, qui attendait, résignée, la guérison de son doigt. Incapable d'aucun travail manuel, de peinture surtout, elle lisait beaucoup et préparait ses cours pour l'hiver. Elle portait le bras en écharpe et pouvait nous accompagner ainsi dans nos promenades. Mais celles-ci durent bientôt cesser.

La saison avançait ; on allait quitter la campagne et rentrer à Paris pour y reprendre ses

1. Mme Guizot.

études. Ce ne fut pas sans chagrin que Marthe et ses amies se préparèrent au départ; mais M. Émery promit à ses filles de les ramener l'année suivante à Croissy, et je m'engageai, de mon côté, à y revenir.

Nous retournâmes à Paris à la fin d'octobre. Le temps était brumeux et froid, il ne fallait plus songer aux longues courses. Dès les premiers jours de notre rentrée, Marthe se remit au travail; elle reprit ses livres avec plaisir, et d'elle-même chercha par la lecture à compléter les notions de toute sorte qu'elle avait acquises pendant l'été.

CHAPITRE XVI

LES BONS EXEMPLES.

Soirées d'hiver. — La famille Dubois. — Intérieur de travail.
— Délicatesse. Il faut savoir accepter un présent. — Manque
de tact. — Histoires morales.

Je trouvai en rentrant chez moi un billet de
faire part de la mort de la belle-mère de Mme Dubois. Sans être intimement liée avec cette famille, je la voyais de temps en temps, et j'eusse
été bien aise que des liens d'amitié se formassent
entre Marthe et Mlles Dubois. Il est utile qu'une
jeune fille ne fréquente pas uniquement des
personnes ayant de la fortune ; il est salutaire
qu'elle voie de près ce que peuvent l'énergie et
le travail aux prises avec les difficultés de la
vie. Tout en espérant que Marthe serait pré-
servée de ces embarras d'argent, je ne pouvais
répondre de ce que lui réservait l'avenir. Je
voulais donc qu'elle fût préparée à tout événement, et qu'elle eût non seulement la bonne
volonté, mais encore l'initiative, l'activité, l'ingéniosité. L'exemple, en cela comme en toutes

choses, est le meilleur moyen à employer pour arriver au but.

Pour seconder mes vues, je ne pouvais mieux trouver que Mlles Dubois, qui étaient les filles les plus méritantes du monde. Aidant leur mère dans les soins du ménage, confectionnant leurs robes elles-mêmes, elles trouvaient encore le moyen de gagner quelque argent en peignant des éventails. Elles joignaient à cela une bonne instruction et d'excellentes manières. Donner à des filles une éducation aussi complète avec des ressources restreintes, c'est accomplir un tour de force. Aussi la pauvre Mme Dubois se ressentait-elle de cette vie d'abnégation et de dévouement. Sa santé était devenue délicate ; mais elle ne regrettait rien. « J'ai fini ma tâche », disait-elle, en regardant ses filles avec une juste fierté. Son appartement, situé au quatrième étage, était meublé avec goût et admirablement tenu. On sentait que tout y était arrangé par des mains intelligentes, et l'on ne se fût jamais douté, en voyant cet ordre parfait et cette presque élégance, que le ménage était soumis à la plus stricte économie. Un mot suffira pour expliquer cela : le travail.

J'allai rendre ma visite de condoléance quelques jours plus tard, et j'emmenai Marthe.

— Je n'ai pas besoin de te dire, ma chérie, que nous allons dans une maison où règne la tristesse, et qu'il ne serait pas convenable de s'y montrer gaie ou bruyante. Ce n'est pas hypocrisie en pareil cas de prendre le ton des personnes que l'on va voir, c'est la politesse et la délicatesse de sentiments qui exigent que l'on s'observe.

— Je tâcherai, maman, de ne commettre aucune étourderie, me dit Marthe en partant.

Nous trouvâmes Mlles Dubois près de leur mère, assez souffrante. Après les compliments d'usage, je voulus me retirer par discrétion.

— Restez donc encore, je vous en prie, me dit Mme Dubois ; mes filles sont si heureuses de voir Mlle Marthe, et elles ont tant besoin de distraction, ajouta-t-elle plus bas, après les jours douloureux que nous venons de traverser !

Je prolongeai donc ma visite, je me mis à causer avec Mme Dubois, pendant que les jeunes filles s'entretenaient à part, dans un coin du salon. Une nouvelle visite vint nous interrompre.

C'était Mme Blavet qui arrivait avec Germaine. Celle-ci poussa une exclamation joyeuse en apercevant ma fille. Ayant à peine salué

Mme Dubois, elle se précipita sur le canapé à côté de Marthe :

— Oh ! je ne comptais guère te trouver ici, s'écria-t-elle en éclatant de rire ; figure-toi que je sors de chez toi. Je voulais te demander de venir au Jardin d'acclimatation avec moi. Ne te trouvant pas, j'avais renoncé à mon projet, mais te voilà, et je le reprends. Veux-tu que nous y allions ?

La gaieté intempestive de Germaine produisit l'effet d'une note discordante ; Marthe, un peu embarrassée, la regardait silencieusement.

Je pris aussitôt la parole :

— Ma chère petite, dis-je, ne compte pas sur ma fille, aujourd'hui. Je l'ai amenée ici pour faire une visite à Mlles Dubois ; elle est à peine arrivée, et elle regretterait, j'en suis sûre, de s'en aller.

— Oh ! certainement, s'écria Marthe, qui comprenait sans doute le manque de tact de sa petite amie.

Devant mon refus, Germaine n'osa insister. Elle prit même la chose d'assez bonne grâce et resta encore quelque temps. Toujours aux ordres de sa fille, Mme Blavet obéissait à tous ses caprices comme par le passé. Elle lui faisait une existence *capitonnée*, et la dispensait de tous les devoirs qui auraient pu la gêner ; de sorte que Germaine, habituée à être ménagée, louée, admirée, se considérait comme une petite merveille devant qui tout devait céder. Pauvre enfant ! combien l'imprévoyance de ses parents pourrait lui coûter cher !

Pendant le temps que dura la visite, j'entendais la voix de Germaine qui dominait toutes les autres. Elle était d'une nature exubérante et, ne sachant point se contraindre, elle parlait constamment d'elle-même, de ses affaires, de ses plaisirs. C'était ce qu'on nommait autrefois une *glorieuse*, peu aimée en général parce qu'elle ne sacrifiait aucune de ses inclinations à celle des autres. Elle donna le signal du départ. Je me levai en même temps que Mme Blavet, mais Mme Dubois insista pour que je restasse encore et me força de me rasseoir.

Depuis le départ de Germaine l'harmonie s'était rétablie. Les trois fillettes causaient doucement. Marthe visitait les cartons de dessins des demoiselles Dubois, ce qui l'intéressait particulièrement — car c'était vers le dessin qu'elle se sentait le plus entraînée. — J'avais renoncé à l'espoir d'en faire une grande musicienne, et je comptais, une fois ses études finies et ses examens passés, la laisser libre de suivre son goût pour la peinture. S'il est bon de ne point céder aux suggestions d'une enfant que l'aridité des premières études musicales rebute, il est au moins inutile d'essayer de la perfectionner dans un art pour lequel elle n'a pas de dispositions. Rester au piano trois ou quatre heures par jour, pendant dix ans, pour arriver à acquérir un talent d'*agrément*, qui ne fait plaisir à personne et qui ne survit presque jamais à une première année de mariage, c'est perdre un temps qu'on peut mieux employer.

Aline Dubois, l'aînée des deux sœurs, venait d'achever un éventail sur lequel elle avait peint un bouquet de lilas, qui était un vrai bijou. Elle voulut absolument l'offrir à ma fille ; celle-ci n'osait ni accepter ni refuser ce présent. Je vins encore à son secours, et je lui permis de prendre l'éventail. Marthe, ravie, ne se fit pas prier. Elle remercia avec effusion Mlle Aline, qui lui proposa de lui donner quelques conseils sur ses premiers essais de dessin. Les jeunes filles se promirent de se revoir bientôt et se quittèrent enchantées les unes des autres.

— As-tu remarqué, ma chérie, dis-je à Marthe en sortant, combien cet intérieur est charmant?

— Oh! oui, maman. Tout y est élégant, joli, bien arrangé. Je croyais que ces dames n'étaient pas riches, mais je vois que je me suis trompée.

— Tu ne connais pas encore assez le prix des choses, ma fille, pour comprendre la différence qui existe entre un ameublement somptueux et un ameublement auquel le goût seul donne de la valeur. Tu ne t'étais pas trompé ; ces dames sont dans une position très modeste, voisine de la gêne. Elles dissimulent cela par leur ingéniosité, leur activité laborieuse et gardent très honorablement leur rang dans la société. Le travail, qui procure une aisance relative à cette famille, lui donne aussi le contentement de soi, la satisfaction de la conscience qui se reflète sur le visage de chacun de ses membres. A part la tristesse de l'heure présente, as-tu observé combien Mlles Dubois sont gracieuses et sereines ?

— Oui, c'est vrai ; elles ont toujours l'air d'être satisfaites, et je n'aurais jamais cru qu'elles dussent se donner tant de peine pour vivre. Mais alors, maman, il aurait peut-être mieux valu que je ne prisse pas cet éventail. Cela va priver Mlle Aline du prix qu'elle en aurait reçu.

— C'est, au contraire, parce que tu es un peu plus riche que Mlle Dubois que tu ne pouvais refuser son présent. C'eût été la blesser et lui faire sentir la différence de nos situations. La délicatesse, en ce cas, consiste à savoir accepter. Nous trouverons bien un moyen de la dédommager plus tard, sans qu'elle puisse s'en froisser.

— Je comprends, maman.

— Et qu'est-ce que tu dis, mon enfant, de la tenue de Germaine?

— Je crois, maman, qu'elle a été un peu *étourdie*, fit Marthe en souriant, et que sa mère n'a pas, comme vous, eu la précaution de l'avertir.

— C'est possible, dis-je en riant à mon tour; mais j'espère que tu n'auras plus besoin d'avertissement. Tu vois trop bien à quoi l'on s'expose quand on ne réfléchit pas à ce qu'on dit. On froisse, on choque sans le vouloir, et l'on se rend insupportable à tout le monde.

Une grande dame du siècle dernier a dit: « Quelque chose que vous fassiez, prenez garde à ne fâcher personne et à n'incommoder qui que ce soit ; c'est de quoi il faut être toujours occupée, si l'on ne veut déplaire presque incessamment dans la société. »

Avec les longues soirées de novembre on reprit l'habitude des veillées.

Quand, par hasard, nous ne descendions pas chez les Émery, les petites arrivaient munies de leur ouvrage, et l'on s'installait autour de la table de travail. La broderie, la tapisserie, la couture, n'empêchaient point le babil de cette jeunesse rieuse, au contraire. Parfois je faisais une lecture à haute voix et alors le silence devenait profond. On n'écoute jamais mieux que lorsqu'on est occupée d'un travail manuel.

Le travail à l'aiguille, goût inné chez la plupart des femmes, me semble un des talents les plus utiles à développer chez les jeunes filles. Il est indispensable de les rendre habiles non seulement à tous les petits ouvrages d'agrément, mais surtout aux ouvrages pratiques, tels que la façon d'une robe, d'un manteau, d'un chapeau, etc. Pour atteindre ce but, on peut commencer par confectionner des layettes ou des trousseaux destinés aux pauvres. Ce travail les amusera en leur rappelant le temps où elles faisaient les vêtements de leur poupée ; de plus, il les formera à l'esprit de charité.

Tel était aussi le sentiment de Mme Campan :
« Assise auprès de sa mère, dit-elle, une petite
fille doit commencer à se servir de son aiguille
une heure par jour, à deux reprises différentes,
car il faut bien se garder de faire naître en
elle du dégoût pour la plus constante et la plus
précieuse occupation des femmes. Des ourlets,
des points à marquer sur de très gros canevas,
un morceau de tapisserie, un gros point doivent être les premiers ouvrages. Il est aussi
très essentiel de leur enseigner le tricot fort
jeunes... La couture du linge, la coupe des
robes, tout ce qui en dépend, doit être, de
même, enseigné avec beaucoup de soin : plus
on se rend la main habile à ces sortes d'ouvrages, plus on ajoute au plaisir que l'on trouve
à les exécuter.

« Il faut, ajoute-t-elle, diriger l'emploi de l'aiguille vers les choses les plus simples qui sont
aussi les plus utiles. Tant que leurs essais en
couture ne permettent pas de leur confier des
objets de prix, on peut les faire travailler pour
les pauvres ; on relève ainsi à leurs yeux le
mérite des plus simples ouvrages, en y intéressant leur cœur et leur charité. »

J'avais procédé ainsi avec ma fille. Elle cou-
sait passablement, et confectionnait avec beau-

coup de zèle des vêtements que nous portions ensemble à des familles pauvres. C'était un acheminement vers une étude plus approfondie de la couture.

Un soir que nous étions réunies, les enfants et moi, autour de la table, et que la conversation languissait, Hélène eut une inspiration.

— Si nous racontions des histoires, dit-elle en laissant tomber sa tapisserie. Nous sommes mornes comme le temps; il faudrait tâcher d'égayer la situation, qu'en dites-vous, madame?

Je n'aurais eu garde en de telles circonstances de proposer une lecture sérieuse, comme celles que j'avais coutume de faire. Il y a temps pour tout.

La lecture, mêlée d'entretiens et de réflexions, est une chose très utile en soi, et mes fillettes s'intéressaient généralement à ce genre de distraction. Mais ce soir-là, je le répète, elles voulaient varier.

— Va pour des histoires, dis-je, mais à deux conditions. Voici la première : c'est toi, Hélène, qui commenceras. Voici la seconde : l'histoire aura un but moral.

— Oh! mais alors ce sera un travail, ma-

dame, et très difficile encore, s'écrièrent-elles
en chœur.

— Pas tant que vous croyez. Recueillez-vous.
Cherchez dans l'histoire, ou en vous-mêmes,
un fait, une observation, un souvenir de quelque action bonne ou mauvaise. Dégagez-en la
morale. Bâtissez une histoire là-dessus, courte
et simple. Mais ayez soin d'en faire ressortir
un enseignement. Cela vous donnera d'abord
un peu de peine peut-être, mais cela vous
apprendra à réfléchir et à vous exprimer clairement. Quant à moi, qui vous écouterai, je
profiterai de vos leçons.

— Vous vous moquez de nous, madame, dit
Hélène en riant, mais c'est égal, je veux bien
essayer, si tout le monde suit mon exemple.

— Nous le jurons, s'écrièrent ensemble Juliette, Hélène et Marthe.

Geneviève seule protesta. Elle prétendit
qu'elle ne saurait jamais; qu'elle ne pourrait
pas... qu'on se moquerait d'elle...

Sa susceptibilité reparaissait.

— Ma chère petite, lui dis-je gaiement, il
faut que tu fasses comme les autres; la majorité a décidé, tu n'as donc pas le choix et tu
dois te soumettre de bonne grâce. Le propre
d'un mauvais esprit est d'aimer à se faire

prier. Tu es trop gentille, trop raisonnable pour ne point comprendre cela. Tu t'en tireras comme tu pourras et sois sûre qu'en n'y mettant ni prétention ni amour-propre, tu réussiras. Est-ce dit ?

Geneviève se résigna et prononça un *oui* bien faible.

— Combien de temps nous accordez-vous, madame, pour le recueillement? demanda Juliette.

— Mais... un quart d'heure, si vous voulez. Il faut songer que la soirée s'avance et qu'à dix heures on plie bagage.

— Va pour un quart d'heure, mais ne perdons pas une minute.

Et le silence s'établit.

Je ne savais trop ce qui allait sortir de l'idée que j'avais émise, mais, en tout cas, elle ne pouvait qu'être favorable à ces jeunes esprits qu'elle ferait travailler. Je me promettais également d'étendre et de varier ce genre d'exercice, en faisant causer les fillettes sur tel ou tel passage d'une tragédie, ou de l'histoire.

Mme Guizot a dit, avec beaucoup de raison, qu'il est nécessaire d'accoutumer l'esprit à s'occuper et à se porter avec intérêt sur des choses étrangères à nos affaires personnelles:

habitude utile à la rectitude des idées et même à « la justice » du caractère. En apprenant à porter sa pensée hors de soi, à exercer son jugement sur des objets étrangers, on acquiert la faculté de considérer les objets en eux-mêmes et non par rapport à soi.

« L'instruction, ajoute-t-elle, préserve généralement de la petitesse d'esprit, qui consiste à attacher une grande importance à des choses de peu de valeur. Elle nous apprend à en juger sainement par la comparaison ; et plus le cercle de nos pensées s'agrandit, moins nous sommes portés à faire une grosse affaire de ce qui nous touche. »

Le quart d'heure était écoulé ; je frappai les trois coups. Toutes les têtes se levèrent et se tournèrent en même temps vers moi.

— Qui est-ce qui commence ? demandai-je.

— Moi, dit Hélène, puisque je l'ai promis.

Et elle débita son histoire, sa propre histoire, en changeant seulement son nom, avec une sincérité comique qui nous fit rire de bon cœur. Elle énuméra ses défauts, et imagina des incidents pour les faire ressortir. Puis elle termina en établissant un parallèle entre une femme d'ordre et une femme désordonnée.

— A mon tour, dit Juliette ; mais il n'y a pas

de danger que je fasse mon portrait, comme Hélène.

— Pas de personnalité, répliqua celle-ci en riant.

Juliette raconta une histoire, dont la moralité était qu'il ne faut pas gâter les enfants. L'exemple de Germaine l'avait certainement frappée et inspirée. Et, ma foi! elle broda fort bien sur ce thème, en inventant des personnages sur lesquels il eût été facile de mettre un nom. Fort heureusement, Marthe sut retenir l'exclamation qui allait lui échapper et que j'eusse été forcée de réprimer; car je ne voulais pas que, tout en discernant le mal du bien, les enfants s'habituassent à révéler les défauts de leurs amies et à s'en moquer.

Geneviève et Marthe se tirèrent d'affaire en racontant une anecdote tirée d'un livre d'histoire et qu'elles accommodèrent à leur idée pour la circonstance.

— Ah! madame. et vous, et vous? Dites aussi une petite histoire, voulez-vous?

Je cédai d'autant plus facilement que j'avais une leçon à donner à ma fille sur la façon dont elle avait parlé à Marianne, notre vieille bonne.

— Je veux bien vous raconter, non une histoire, mais un mot d'une princesse qui est devenue carmélite. Elle était fière et hautaine. Quand elle fut mise à l'abbaye de Fontevrault, on lui donna un certain personnel pour la servir ; l'abbesse, femme d'un esprit vraiment supérieur, avait ordonné aux filles qui servaient la princesse d'être tout à leur aise avec elle, sans toutefois lui manquer de respect. Un jour, l'enfant royale entra dans une chambre de ses appartements. Il y avait une de ses femmes qui était assise et qui ne se leva pas à son approche. Cela devait être convenu. La jeune princesse — elle avait douze ans alors — émue de ce qu'elle prenait pour un manque de respect, dit assez vivement à cette femme : « Eh ! pourquoi ne vous levez-vous pas ? ne suis-je pas la fille de votre roi ? » Alors cette femme, avec beaucoup d'intelligence, lui répondit : « Est-ce que vous ne savez pas que je suis la fille de votre Dieu ? »

La princesse, qui avait beaucoup de sens en même temps que beaucoup de cœur, se recueillit un instant ; puis, toute calmée, lui fit cette réponse : « Oui, vous avez raison. »

Ne vous semble t-il pas, mes enfants, qu'une princesse qui s'humilie ainsi devant une servante nous donne un exemple bien frappant de douceur et de charité ? C'est une idée fausse de croire que les domestiques sont d'une autre nature que nous et qu'ils sont nés pour nous servir. « La *servitude*, dit Fénelon, étant établie contre l'égalité naturelle des hommes, il faut l'adoucir autant qu'on le peut ; les maîtres, qui sont mieux élevés que leurs valets, étant pleins de défauts, ne doivent pas s'attendre à ce que les valets n'en aient point, eux qui ont manqué d'instruction et de bons exemples. »

Il ressort de tout cela, mes chéries, que nous avons le devoir d'être indulgentes pour les fautes de nos domestiques et que nous leur devons de la bonté, de la politesse et aussi des égards lorsqu'ils sont vieux et qu'ils nous ont donné des preuves d'attachement et de fidélité. Je suis de l'avis de cette comtesse qui prétendait qu'un vieux domestique lui semblait une des grandes consolations de la vie et qui avait accepté l'expression italienne, *la famiglia*, pour désigner les gens attachés au service de sa maison.

Dès le premier mot de mon histoire, Marthe avait baissé la tête ; elle paraissait très occupée de sa couture ; mais je voyais, à la rougeur de son visage, que la leçon porterait son fruit. Je ne voulais point paraître faire une application, et je levai la séance, sans rien ajouter. Elle m'embrassa comme de coutume en allant se coucher ; mais elle avait l'air préoccupée, et ne me dit rien.

Le lendemain, Marianne vint me trouver et me raconta que ma fille était allée à elle, qu'elle lui avait témoigné un très grand regret de sa conduite passée ; qu'elle s'était jetée à son cou, et qu'elle l'avait embrassée de bon cœur, en l'assurant de son amitié.

— Ah ! madame, ajouta la brave femme, les larmes aux yeux, Mlle Marthe est un fier cœur. Elle peut être vive et même un peu têtue, mais ça se corrigera avec l'âge, tandis que les filles douces et sournoises, rien n'est pire que ça.

C'était une allusion à la pauvre Geneviève, que Marianne n'aimait pas beaucoup. Elle ne pouvait oublier son premier mensonge, ce mensonge qui m'avait moi-même assez effrayée.

— Marthe a bien fait de vous demander pardon, ma bonne Marianne, et j'espère qu'elle n'oubliera plus les égards et l'affection qu'elle vous doit.

CHAPITRE XVII

Romans. — Les mères ne lisent pas assez. — Jeunes mères de grandes filles. — Résultats d'une mauvaise éducation.

Dans le courant du mois, nous reçûmes la visite de Jacqueline Lemonnier. Le temps était froid et sombre, et je fus un peu surprise de la voir arriver de si bonne heure — il était à peine dix heures — dans un véritable costume russe : une redingote en drap bleu officier, garnie de zibeline. Elle m'en donna bientôt l'explication.

— Vous êtes étonnée de me voir sans Miss, dit-elle en me sautant au cou, mais attendez, tout va s'éclaircir : maman est en bas, et je n'ai qu'une minute. Elle est en voiture découverte, et, malgré ses fourrures, elle est glacée. Nous allons patiner au Bois, et nous nous dépêchons pour arriver avant le dégel. Je viens vous demander si vous voulez me donner Marthe.

— Marthe à cette heure-ci !

— Mais oui ; elle sera très contente de me

voir zigzaguer sur la glace; je vous la ramènerai après le déjeuner.

— Je suis fâchée de te refuser, ma chère petite ; mais ce que tu me demandes est impossible. Marthe travaille beaucoup en ce moment. Elle commence à préparer son examen, et l'on ne peut la déranger.

— Allons, ma petite tante — Jacqueline m'appelait ainsi quand elle voulait obtenir quelque chose de moi — un bon mouvement ; laissez-vous attendrir, Marthe sera si contente !

— Non, ma chère enfant, je ne puis pas. Ses heures de travail sont réglées et comptées, et ce serait tout compromettre que d'en supprimer quelques-unes. N'insiste pas, c'est inutile. D'ailleurs, tu patineras bien sans elle. Veux-tu l'embrasser avant de t'en aller?

— Oh ! c'est déjà fait, me dit Jacqueline avec une petite moue d'enfant gâtée. J'ai commencé par elle, sans réfléchir qu'ici ce n'est pas comme chez nous, et que Marthe ne décide jamais rien toute seule. Elle m'a envoyée à vous et je n'y ai rien gagné.

— Pardonne-moi, si je te fais de la peine, ma pauvre enfant, et sois certaine que je te dédommagerai en te menant Marthe le plus tôt possible.

Après le départ de Jacqueline, je me rendis dans la salle où travaillait ma fille, et je vis avec plaisir que mon refus, prévu par elle, n'avait en rien troublé sa sérénité.

— Je savais bien, maman, que je ne pouvais pas sortir à cette heure ; je l'ai dit à Jacqueline, mais elle n'a pas voulu me croire.

— Qu'est-ce que ce livre ? demandai-je, avisant un volume broché, qui se trouvait à côté de Marthe sur la table.

Je l'ouvris et ne pus réprimer une exclamation de surprise. C'était un roman — un des romans en vogue, du moment.

— Qui a oublié ce livre ? répétai-je avec quelque vivacité.

— Mais c'est Jacqueline, maman, répondit ma fille sans le moindre embarras. Elle ne l'a pas oublié ; elle l'a apporté pour que je le lise. Il paraît que c'est très amusant.

Quoique mon intention ne fût pas d'élever Marthe dans une ignorance absolue des choses de la vie, je tenais à ce qu'elle ne lût aucun livre qui pût lui en donner des idées fausses. J'avais à cet effet proscrit tous les romans, qui offrent au moins l'inconvénient de faire paraître fade toute lecture sérieuse.

Je ne suis pas de l'avis de Mme Guizot, qui a

dit que « chaque jeune fille s'est composé d'ordinaire son propre roman, auquel elle rêve avec beaucoup plus de plaisir qu'au plus intéressant de ceux qu'elle aura jamais lus ».

S'il est des jeunes filles dans ce cas, il en est aussi dont l'imagination est équilibrée par la raison et par l'éducation : la lecture des romans est mauvaise pour les premières, en ce qu'elle surexcite encore leur esprit, si elle n'achève pas de l'égarer. Quant aux autres, une mère prudente, en les accoutumant de bonne heure au charme du vrai, aux livres d'histoire, aux lectures sérieuses, les préservera d'un goût dangereux. Pour toutes ces raisons, j'avais décidé que Marthe ne lirait pas de romans avant d'avoir fini ses études. Et encore, je me promettais de les choisir avec soin et d'en prendre connaissance avant de les lui donner.

Les mères d'aujourd'hui ont, à mon avis, le tort de ne pas consacrer assez de temps aux lectures sérieuses. Les femmes qu'une éducation forte accoutume pendant leur jeunesse à ces sortes d'ouvrages lisent ensuite par goût des choses saines et élevées. « Les femmes, a dit un des esprits les plus éclairés de ce siècle, s'occupent assez de littérature, mais pas assez de la bonne littérature. Elles consentent encore à lire, mais non à étudier et à apprendre. Il y a, dans le monde, chez les jeunes femmes et quelquefois chez les jeunes filles, des facilités de lectures vraiment déplorables. Mauvais romans, mauvaises poésies, mauvaises pièces de théâtre, on se permet de tout lire, afin, dit-on, de pouvoir parler de tout. Et ce qu'il faut observer d'ailleurs, ajoute-t-il, c'est que les femmes les plus instruites, celles qui lisent des livres sérieux, celles qui aiment les belles et bonnes choses de l'esprit, sont les plus utiles à leurs familles, et sont presque toujours les plus vertueuses. » Dans cette question si grave du choix des lectures pour une jeune fille, le jugement d'une mère éclairée la guidera sûrement. Il est impossible d'indiquer un système absolu, la marche à suivre devant être modifiée suivant la diversité des natures. Je ne puis mieux faire que citer ici les paroles de Fénelon : « Elles se passionnent, disait-il, pour des romans, pour des comédies, pour des récits d'aventures chimériques où l'amour profane, revêtu de ce que la générosité et la politesse mondaine ont d'éblouissant, fait oublier qu'il est ce vice détestable qui doit alarmer la pudeur. Elles se rendent l'esprit visionnaire;

elles se gâtent même par là pour le monde...
Une pauvre fille, pleine du tendre et du mer-
veilleux qui l'ont charmée dans ses lectures,
est étonnée de ne trouver point dans le monde
de vrais personnages qui ressemblent à ses
héros; elle voudrait vivre comme ces prin-
cesses imaginaires qui sont, dans les romans,
toujours charmantes, toujours adorées... »

Le premier moment de surprise passé, ce
fut avec le plus grand calme que je dis à ma
fille :

— Je reprends ce livre qui ne saurait t'a-
muser, et qui est fait pour les grandes personnes; je le rendrai moi-même à Jacqueline.

— J'avais jeté les yeux dessus, maman, dit
Marthe; je ne trouvais pas cela ennuyeux
pourtant.

— C'est possible; mais tu m'accorderas,
mon enfant, que je sais mieux que toi ce qu'il
te convient de lire; je te prie de ne jamais accepter un livre quelconque sans m'en parler.
Tu me le promets, ma chérie ?

— Oui, maman.

Je n'avais pas à en vouloir à Jacqueline; elle
était élevée ainsi; ou plutôt elle n'était pas
élevée du tout. Mme Lemonnier poursuivait un
but sans s'inquiéter des devoirs qui auraient

pu entraver son chemin : elle recherchait le
plaisir et le succès ; et sa réputation de femme à
la mode était chose trop précieuse pour qu'elle
la sacrifiât à l'humble tâche de veiller sur sa
fille. Elle se croyait, d'ailleurs, et de la meilleure foi du monde, une mère irréprochable :
n'ayant point, comme certaines coquettes, ce
sentiment de jalousie qui leur fait craindre de
se montrer près de leurs filles, elle emmenait
Jacqueline au bal, à l'Opéra, enfin partout où
celle-ci désirait aller. Les toilettes, réglées par
le grand couturier et discutées durant de longues séances, étaient citées comme des merveilles d'élégance.

Très jolie, très bien conservée, Mme Lemonnier paraissait être, à trente-sept ans, la sœur
de sa fille. Cette réflexion, qu'elle entendait
faire autour d'elle et que lui confirmait son
miroir, était pour elle la plus douce des flatteries. Les modes d'aujourd'hui étant, à peu
de chose près, les mêmes pour les jeunes filles
du monde que pour les jeunes femmes, il en
résultait que les toilettes de la mère et de la
fille ne différaient guère que par la valeur des
dentelles et des bijoux. Il est inutile d'ajouter
que Mme Lemonnier dansait toute la nuit à côté
de Jacqueline, et que le bon M. Lemonnier,

qui avait le monde en horreur, attendait patiemment *ses filles*, comme il disait, pour rentrer au logis.

Une mère qui danse encore lorsqu'elle a une fille en âge d'aller au bal se couvre de ridicule ; elle manque, en outre, à sa mission, qui est non seulement de protéger et de surveiller sa fille, mais encore de s'effacer comme femme devant elle. Ces considérations eussent paru bien secondaires à Mme Lemonnier, qui manquait à tous ses devoirs de mère, sans se rendre compte de la faute irréparable qu'elle commettait. En effet, que peut-on attendre d'une jeune fille à qui l'on n'a enseigné aucun des principes de morale qui sont la base de la vertu ?

Sans affirmer, comme Mme Hannah More, que les enfants sont des êtres qui apportent dans le monde une nature corrompue et de mauvaises dispositions que l'éducation doit avoir pour principal but de rectifier, on ne peut nier que certains d'entre eux naissent avec un mauvais naturel : il serait donc plus juste de dire que les enfants ont généralement en eux le germe des qualités et des défauts qu'ils auront un jour ; c'est à la mère qu'il appartient de développer les unes et de combattre les autres. L'élément du bien, qui se trouve au fond de leur nature, demande à être fortifié par les soins, les préceptes, les exemples de la mère. C'est de ces principes que naîtra le perfectionnement moral de la jeune fille : « Partout où se produit le bien, là en existe sûrement le principe[1]. »

Ces principes s'enseignent, et les enfants les retiennent. Car tout s'apprend, même la bonté, qui passe pour être un don.

Ainsi en était-il de Jacqueline, qui ignorait qu'une des plus grandes lois humaines est l'obéissance au devoir.

Elle entrait dans la vie en aveugle, sans voir ni les pièges ni les périls du chemin. Rassasiée des jouissances que donne la fortune, elle avait presque perdu la puissance de les goûter. Que deviendrait-elle, une fois mariée, elle à qui l'on n'avait pas enseigné à placer dans le devoir l'intérêt de la vie! elle, dont l'esprit, sans cesse emporté par de frivoles amusements, n'avait jamais été effleuré par aucune pensée sérieuse! L'avenir de cette enfant, gracieuse et inoffensive malgré tout, m'épouvantait. J'avais vu tant de fois ce qui résulte d'édu-

1. Mᵐᵉ Guizot.

cations semblables, faussées par l'inintelligence ou la négligence des mères, que je tremblais pour Jacqueline.

Qui ne se souvient de la jolie Mlle Suzanne D..., dont la beauté avait fait sensation vers la fin du second empire, et qui, malgré sa dot de cinq cent mille francs, son élégance et ses succès, était restée vieille fille ! Son éducation ressemblait tellement à celle de la pauvre Jacqueline que je ne pouvais m'empêcher de les associer toutes deux dans ma pensée. Pendant quelques années, on ne parlait que de la belle Mlle D...; elle faisait partie, ainsi que sa mère, de toutes les fêtes du *high-life*.

Mme D... — comme certaines mères de grandes filles — fort occupée d'elle-même, ne s'avisait guère de surveiller ou de catéchiser la jeune Suzanne, qu'elle regardait comme une enfant; celle-ci s'épanouissait donc en toute liberté dans ce milieu de plaisirs mondains dont la jeune imagination se grisait. Son activité, mal dirigée, ne s'exerçait que sur des frivolités.

Elle entrait dans un salon, le front haut, le regard assuré, distribuant aux hommes des sourires et des poignées de main, toujours engagée d'avance, valsant et cotillonnant à ravir, disant tout ce qui lui passait par la tête, trouvant des mots drôles, qui faisaient rire les jeunes gens et qu'on répétait partout. Entourée d'une cour, qui la suivait au bal et au théâtre, elle vivait dans une atmosphère d'encens et de flatterie qui suffisait parfaitement à ses besoins.

Cette vie d'enchantements et de joies factices durait depuis des années, et déjà la beauté de Mlle D... commençait à se flétrir. Aucun parti convenable ne se présentait, et Mme D... ne laissait pas de se préoccuper de cette absence d'épouseurs, qu'elle attribuait à une faute de goût. « Ma Suzanne est une femme accomplie », disait-elle avec un naïf orgueil.

La beauté, sans les qualités essentielles qui doivent l'accompagner, peut devenir un obstacle au mariage d'une jeune fille. De même, une belle dot peut causer la ruine d'une maison, si celle qui la possède n'apporte pas avec elle les habitudes d'ordre et d'économie nécessaires au ménage.

« Il est un temps, dit La Bruyère, où les filles les plus riches doivent prendre un parti. Elles n'en laissent guère échapper les premières occasions sans se préparer un long repentir. Il semble que la réputation de biens diminue en elles avec celle de leur beauté. »

Suzanne, par ses manières, éloigna les gens sérieux. Il était trop tard, quand elle s'aperçut de sa méprise. Les exemples ne me manqueraient pas, s'il me fallait rassembler ici mes souvenirs. J'en citerai encore un qui prouvera que l'inintelligence peut, en certains cas, être aussi funeste que l'incurie.

Mme Brissot n'avait point à se reprocher d'avoir négligé l'éducation de sa fille. Berthe avait suivi un des meilleurs cours de Paris ; sa mère l'y conduisait la plupart du temps et allait l'y reprendre. En outre, la jeune fille recevait chez elle des leçons particulières pour les langues étrangères et les arts d'agrément. Tout cela s'accomplissait méthodiquement, exactement, comme on mange et comme on boit, parce que cela doit se faire et qu'autour d'elle Mme Brissot voyait les jeunes filles élevées de cette façon.

Très élégante, très mondaine, et foncièrement honnête, Mme Brissot passait sa vie d'une manière aussi innocente que frivole, estimant qu'elle n'avait pas perdu sa journée quand elle avait fait le nombre voulu des visites à rendre, ou qu'ayant parcouru tous les magasins elle rentrait chargée d'une foule d'objets inutiles.

Elle était incapable de causer ou de raisonner avec sa fille et de développer sa jeune intelligence. Il en résultait que Berthe, qui était paresseuse comme presque tous les enfants, s'acquittait de ses devoirs avec une inapplication *remarquable* et qu'elle restait en arrière de toutes ses compagnes ; ce qui, par parenthèse, lui était fort égal. Les professeurs se plaignaient à Mme Brissot, qui grondait sa fille. Celle-ci pleurait ; puis les choses s'arrangeaient et reprenaient leur même cours.

Quoique Berthe n'eût aucun goût pour la musique, elle apprenait le piano. Sa mère était inflexible sur ce chapitre : Mlles de X... et de V... se faisaient entendre aux soirées de leurs parents, elle ne voyait pas pourquoi Berthe ne ferait pas de même. Elle avait eu à ce propos un entretien sérieux avec la maîtresse de piano, qui était une jeune fille de beaucoup de talent et que lui avait précisément recommandée Mme de X...

Elle se plaignait que Berthe ne sût rien par cœur.

— C'est bien facile à expliquer, madame, lui avait répondu Mlle ***, Berthe n'étudie pas assez pour cela ; on ne peut retenir par cœur que ce qu'on étudie beaucoup, et Berthe déclare qu'elle n'a pas le temps de travailler.

— Et puis, mademoiselle, je voudrais qu'elle jouât des choses plus... à effet ; ainsi des sonates par exemple, ce n'est pas amusant ; je voudrais que vous lui apprissiez quelque chose de joli pour le soir ; quelque chose de brillant, un morceau difficile comme ceux de Mlle de X...; cela fera plaisir à son père.

— Je crois, madame, qu'il vaudrait mieux que Berthe jouât bien un morceau facile que de la lancer dans des difficultés dont elle ne pourrait sortir.

— Sans doute, sans doute, si vous croyez qu'elle ne puisse pas... Mais alors on choisirait une chose facile d'un grand compositeur... Chopin, par exemple ; il est très à la mode. Ne pourriez-vous faire exécuter à Berthe une petite machine de Chopin ?

On comprend que la patience puisse échapper aux artistes qui se trouvent aux prises avec de telles personnes. Si bien élevée qu'elle fût, Mlle *** ne put réprimer un sourire.

— Chopin est inabordable pour les très jeunes filles. Tout ce que je vois de mieux dans cet ordre d'idées serait de faire apprendre à

Berthe une mélodie de Schumann, lequel est aussi fort à la mode.

— Très bien. Cela fera-t-il de l'effet?

— Aucun.

On voit la contrariété que dut éprouver Mme Brissot en pensant que sa fille ne pouvait aborder Chopin. Elle se rasséréna pourtant, quand elle vit que la musique de Schumann s'acclimatait au Conservatoire. Lorsque, après beaucoup de peine, Mlle *** fut parvenue à mettre sous les doigts de son élève une des célèbres mélodies du maître allemand, les intimes purent entendre Mme Brissot, qui disait à sa fille d'un air connaisseur :

— Berthe, joue-nous ton petit Schumann.

L'histoire de la musique était celle des autres études : Berthe apprenait tout et ne savait rien. Le côté moral de l'éducation échappait également à Mme Brissot. On l'eût fort étonnée en lui disant qu'elle n'était pas une bonne mère. Que de femmes inconscientes dans le même cas, qui ne sont ni mauvaises ni coupables, parce qu'elles ne peuvent appliquer la réflexion et l'intelligence qu'elles ne possèdent pas!

Cette éducation irraisonnée, purement mécanique, si je puis dire, aurait eu de moins funestes résultats s'il se fût agi d'une enfant inintelligente — les esprits bornés se contentent de peu — ou d'une enfant naturellement studieuse et réfléchie : dans ce dernier cas, c'est l'enfant qui fait elle-même son éducation. Mais ici, c'était le contraire. Berthe, paresseuse, volontaire, inappliquée, avait de l'intelligence ; cette intelligence, faute de direction et de culture, languissait et se portait sur des choses frivoles, inutiles et, par cela même, dangereuses.

A dix-huit ans, elle épousa un jeune homme, qui était « dans les affaires », ainsi que l'avait été son père.

« Dans les affaires » est le terme généralement employé pour éviter de préciser le genre d'occupations dont on veut parler. Tel industriel qui a une voiture et un grand train de maison rougira d'avouer qu'il doit sa fortune à son commerce de peaux de lapin, d'agrafes ou de bonnets de coton.

Pour M. Henri Saulnière, il s'agissait d'une teinturerie qui l'occupait du matin au soir. Bien de sa personne, doux, ayant de bonnes manières, il plut à Berthe, qui l'accepta sans difficulté. Le mariage se fit, et pendant quelque temps tout alla bien.

La nouveauté de la situation, l'arrangement
d'un hôtel bâti pour elle, les courses, les visites,
les fêtes données en son honneur, tout cela fut
pour la jeune femme une cause d'étourdissement
et de distraction. Mais, une fois installée, elle
s'accoutuma vite à sa position. Puis, se trouvant
toujours seule, et ayant contracté l'incurable
habitude de l'oisiveté, elle s'ennuya bientôt.

Alors, elle voulut suivre l'exemple de sa
mère, elle rendit des visites, elle alla dans les
magasins, fit de longues stations chez les couturières, se commanda des robes dont elle
n'avait pas besoin, s'éprit des *anciennetés* et
entassa bibelots sur bibelots ; puis elle se pas-
sionna pour les fleurs et en mit partout ; et
comme tout cela ne parvenait pas à la dis-
traire, elle se remit à son piano ; mais, n'étant
pas assez bonne musicienne pour que cette
étude l'intéressât, elle y renonça sur-le-champ,
et elle chercha alors dans la lecture une diversion à son ennui.

La lecture, en effet, rétablit l'équilibre entre
nos facultés et nos besoins : « Elle rend le mouvement à notre esprit, elle allège le poids de
la vie, qui n'est jamais lourde que parce que
nous ne savons pas la porter [1]. »

1. Mme Guizot.

Mais, pour que la lecture ait sur nous cette action bienfaisante, il faut qu'elle soit d'un ordre assez élevé pour transporter notre pensée hors de nous-mêmes. Et Berthe ne savait que lire des romans ; c'était toujours la même chose : des passions profondes, des amours brûlantes, des hommes jeunes et beaux, qui aiment ; des femmes jeunes et belles, qui sont aimées ; partout des sentiments exaltés, généreux ou mauvais, mais ardents. La peinture de ces aventures romanesques, de cette vie de convention dont Berthe se trouvait si loin, jetait son esprit dans un trouble malsain. Elle sortait de ces lectures, lassée, énervée, dégoûtée de tout.

Le plus grand plaisir de M. Saulnière, quand il rentrait après une journée consacrée à ses affaires, était d'aller au spectacle et de voir des pièces gaies. Berthe accompagnait son mari, et il est probable que, dans une autre disposition d'esprit, elle y eût trouvé du plaisir ; mais la gaieté pimentée des pièces de ce genre la laissait froide. Partout le sentiment du vide désolant de sa vie la poursuivait, et elle n'avait pas la force de chercher en elle-même des ressources contre son ennui.

Certaines personnes objecteront qu'une

femme qui se trouve malheureuse en de telles
conditions n'est pas très intéressante. Il est
certain que ce mal imaginaire dont elle souffrait autant que s'il eût été réel avait pour
point de départ cette idée fausse que le bonheur est une loi de ce monde, et que la vie est
faite de plaisirs et non de devoirs. Mais il ne
faut pas oublier que personne ne lui avait
appris le contraire.

« Rien de corrupteur, dit Mme Guizot, comme
une fausse idée de droit ; elle attaque le principe même du bien, ôte à la raison son point
d'appui, à la conscience ses remords. »

Berthe, élevée par une mère qui ne la grondait qu'à propos de ses études, sans raisonner
avec elle, sans l'éclairer, s'était imaginé qu'une
fois débarrassée de ces professeurs importuns,
et maîtresse d'elle-même, il lui suffirait de se
laisser vivre pour être heureuse. En quoi, elle
s'était trompée.

Le bonheur est en tout : il est dans l'accomplissement de nos devoirs, dans l'emploi
de nos facultés. Ses devoirs, Berthe les remplissait d'instinct, parce qu'elle avait un bon
naturel ; mais elle n'y plaçait pas l'intérêt de
sa vie, parce qu'on ne l'avait pas habituée à le
faire. Elle manquait de cette force de volonté

qui fait accomplir les choses utiles. Son activité, son intelligence, faute d'éléments sérieux, s'usaient dans le vide, passant d'objet en objet, sans pouvoir se satisfaire ni s'arrêter sur un but définitif. Son mal était de ne s'intéresser à rien ; mais ce mal venait de loin, et il était inguérissable.

. . . .

Ce genre d'éducation a été parfaitement défini par Aimé Martin : « Depuis Fénelon et Rousseau, dit-il, il y a eu progrès parmi les hommes, et l'éducation des femmes y a gagné. On consent à développer leur intelligence ; on leur donne des talents d'agrément et des maîtres de langues : elles effleurent, si l'on peut s'exprimer ainsi, les études encyclopédiques ; mais, dans ces études, rien ne les appelle à penser de leurs propres pensées ; ce sont tout simplement les cahiers de l'école qui s'impriment dans leurs cerveaux : aussi, lorsque les passions arrivent, ces passions auxquelles ce n'est pas trop d'opposer et les habitudes de la vertu et les principes de la religion, elles trouvent des mains, peut-être habiles sur le piano, une mémoire qui récite, et une âme qui dort. Voilà, sauf quelques exceptions bien rares, la femme telle que la donne le siècle, avec ses talents mécaniques, son amour du plaisir, l'ignorance de toutes les choses de la vie, et le besoin d'aimer et d'être aimée...

« La vie intérieure, la vie morale, les devoirs de mère et les devoirs d'épouse, tout cela arrive, et tout cela a été oublié. Alors, on se retrouve dans le vide, au sein de sa famille, avec des passions romanesques, une exaltation sans frein, et l'*ennui*, ce grand destructeur de la vertu des femmes ! »

. . . .

CHAPITRE XVIII

LES EXAMENS.

Préparation aux examens. — Peinture. — Choix d'un cours.

« Rien ne convient mieux au caractère, à l'esprit, aux aptitudes de la femme, que l'enseignement. Elle y est en quelque sorte prédestinée dans la limite des connaissances qu'elle a su acquérir; soit que la femme se livre à l'enseignement dans l'intérieur de la famille, soit qu'elle utilise ses talents pour se créer des ressources, c'est toujours une mission maternelle et honorable qu'elle remplit au profit de ses propres enfants ou des enfants qui lui sont confiés. Dans ces délicates fonctions, une femme intelligente et dévouée rend de réels services à la société [1]. »

Cette carrière de l'enseignement, si bien louée par l'auteur que je cite, avait été choisie par M. et Mme Émery pour leurs filles. Tandis que Juliette prenait des leçons de Mme C..., artiste hors ligne et grand professeur, et qu'Hélène

[1]. N.-M. Le Senne, *Droits et Devoirs de la femme.*

suivait un cours de peinture, Geneviève, de
son côté, se préparait pour obtenir ses bre-
vets d'institutrice.

L'année fut lourde pour les parents, obligés
à de grandes dépenses; mais ils comprirent
que reculer devant un sacrifice d'argent serait
une faute de leur part. Ils se dirent qu'on doit
à ses enfants l'instruction la plus étendue possible, en rapport avec la situation et le milieu
dans lesquels ils sont appelés à vivre — cette
instruction, bien entendu, restant proportionnée
à leur degré d'intelligence — ils comprirent
qu'on leur doit aussi le développement de leurs
aptitudes particulières, à l'aide d'un enseignement spécial, et qu'on est responsable envers
eux de leurs facultés négligées; qu'il faut enfin
leur donner tous les moyens de réussir, quand
on les destine à se faire eux-mêmes leur position.

« Le principe irrécusable, dit, à ce sujet,
Mgr Dupanloup, c'est qu'il faut surtout consulter
les natures et ne les faire que ce qu'elles peuvent être, c'est-à-dire les développer dans le
sens de leurs facultés, telles que Dieu les a
faites. Il est bien peu de femmes, peut-être
pas une, si médiocrement douée qu'elle soit,
qui n'ait en elle un goût, un sentiment sérieux,

un attrait légitime et dominant, qui peut l'élever, l'ennoblir, la rendre utile au moins à son mari et à ses enfants et la sauver si l'on y donne un aliment, une issue, si on lui imprime une sage et intelligente direction, ou qui la perdra, si c'est précisément ce qu'on cherche à étouffer en elle. »

Une personne supérieure disait : « Dans les arts, c'est la médiocrité qui est à craindre ; un grand talent échappe à beaucoup de dangers. » Et encore : « Ceci est vrai en toutes choses. » En effet, une éducation artistique insuffisante, un brevet obtenu après des études incomplètes, permettent de donner des leçons ; mais le professeur ainsi formé aura grand'peine, malgré ses études personnelles, à sortir de la médiocrité et, pour parler pratiquement, il ne fera que végéter. Il importe donc, et d'une façon essentielle, d'avoir reçu soi-même une instruction solide et complète, de posséder ce qu'un ancien auteur appelait « un fonds de belles connaissances », pour pouvoir à son tour former des élèves. L'instruction du professeur, cela est évident et connu, doit être poussée bien au-delà de celle qu'il est appelé à donner.

Geneviève avait de l'ardeur pour apprendre ; bien plus, elle avait le goût de l'enseignement ;

souvent je l'entendis donner des explications à
Marthe, avec une clarté et une justesse d'expressions qui m'étonnaient.

Toutes deux travaillaient ensemble pour
leurs examens. Marthe n'utiliserait sans doute
pas ses diplômes, mais, à tout événement, j'é-
tais bien aise qu'elle les eût. Il avait été décidé
qu'elles se feraient inscrire dans la même session pour obtenir les deux degrés. Nous vou-
lions, Mme Émery et moi, leur épargner ainsi la
fatigue morale qui résulte de la préparation
successive à deux examens.

Il fallait que Marthe et Geneviève atten-
dissent leurs dix-sept ans, cet âge étant exigé
pour le brevet supérieur ; mais à dix-sept ans,
quand on a commencé de bonne heure à s'y
préparer, et grâce à l'allégement des programmes, on peut très bien, à mon avis, se
présenter à l'examen.

Les deux jeunes filles mirent à profit le temps
qui leur restait pour se perfectionner dans
toutes les questions. Elles suivaient un des
meilleurs cours de Paris. L'instruction y était
donnée par des femmes ayant chacune leur
spécialité d'enseignement, et les directrices
des cours, qui s'étaient réservé les sciences,
étaient bachelières.

Enfin, l'époque des examens arriva.

Dix jours avant l'ouverture de la session, Marthe et Geneviève étaient inscrites. — C'est, en effet, le délai fixé pour l'inscription des candidats. — J'avais moi-même rempli les formalités nécessaires, déposé au bureau de l'inspecteur leur extrait de naissance et la déclaration légalisée par le maire de l'arrondissement. Cette déclaration fait connaître si l'aspirante veut subir les deux examens à la fois, et si elle désire être interrogée sur une langue vivante, cette dernière épreuve n'étant pas obligatoire.

J'engageai Geneviève, qui savait l'allemand, à profiter de cet avantage. Marthe, à l'exemple de son amie, voulait être interrogée sur une langue vivante; elle parlait un peu l'anglais et le traduisait fort bien. Comme l'examen ne comporte que des exercices de grammaire et une traduction à haute voix, je consentis à sa demande, sans craindre un échec. Je me réservais, ses études finies, de lui donner une maîtresse, chargée de lui enseigner uniquement la conversation.

Le brevet élémentaire fut obtenu brillamment. Marthe et Geneviève, ayant travaillé ensemble, eurent cependant, pour chaque épreuve, des notes différentes, dues à leurs aptitudes particulières. La dictée d'orthographe, prise dans les *Lettres* de Mme de Sévigné, fut sans faute; la page d'écriture de Marthe obtint la mention *très bien;* Geneviève eut cette note pour la couture et se distingua surtout dans l'exercice de composition, tandis que son amie résolvait, sans hésiter, deux problèmes sur le système métrique et sur les nombres entiers.

L'examen oral suivit de près. Les « aspirantes » répondirent à toutes les questions sur l'histoire de France et la géographie, l'arithmétique et la grammaire, de façon à satisfaire les examinateurs, qui sont parfois un peu sévères. Geneviève, interrogée sur les procédés d'enseignement, s'expliqua avec tant d'aisance et montra tant de jugement, qu'il fut tenu compte de ses réponses dans l'appréciation générale des épreuves.

Elles furent reçues toutes deux avec des notes très élevées. Le temps compris entre l'examen de second ordre et l'examen du brevet supérieur fut employé, par Marthe et Geneviève, à repasser les diverses matières sur lesquelles elles allaient être interrogées. Entre deux examens, aussi bien qu'entre les épreuves écrites et orales, prendre un congé, comme font certaines élèves, se reposer de tout travail, me paraît la plus détestable préparation. On se déshabitue vite des interrogations; l'esprit a moins de promptitude à répondre ; on perd du temps, enfin, et, si le temps est précieux, comme on le répète, c'est à ce moment-là plus qu'à tout autre.

Pour le brevet du premier ordre, les épreuves écrites sont les suivantes :

1° Une composition comprenant deux questions : l'une sur l'arithmétique et la géométrie appliquées aux opérations pratiques ; l'autre sur les sciences physiques et naturelles, avec leurs applications les plus usuelles ;

2° Une composition comprenant une ou plusieurs questions soit sur la langue et la littérature françaises, soit sur l'histoire et la géographie, soit sur l'instruction civique et morale ;

3° Une composition en dessin (dessin linéaire ou dessin d'imitation).

Voici les épreuves orales :

1° Arithmétique appliquée aux opérations pratiques, tenue des livres, éléments de géométrie ;

2° Notions de physique, chimie, histoire naturelle ;

3° Histoire de France et notions d'histoire générale, géographie générale ;

4° Langue française : lecture expliquée d'un auteur français ; histoire de la littérature française ;

5° Chant ;

6° Gymnastique.

Il est bon de dire que l'épreuve désignée par le mot *chant* consiste seulement en une lecture musicale et en quelques interrogations sur la théorie de la musique. De même, pour la gymnastique, il ne peut être question que de théorie.

Marthe et Geneviève passèrent l'examen supérieur avec autant de succès que celui du second ordre, et elles reçurent même les félicitations des examinateurs. Je recevais enfin le prix de tant de peines prises pour donner à ma fille une instruction solide et sérieuse ; mais, sous ce rapport, ma tâche n'était pas encore achevée : je le savais bien.

En effet, il ne s'agit pas seulement de « faire son éducation », c'est-à-dire, pendant un certain temps, de suivre des cours, de prendre des leçons ; il faut encore et surtout entretenir les connaissances acquises, augmenter le savoir qu'on possède déjà. Je conseillerai particulièrement aux jeunes filles qui veulent perfectionner leur instruction de le faire au moyen de notes prises sur leurs lectures[1]; outre que cet exercice entretient l'habitude d'écrire couramment, il sert à fixer dans la mémoire ce qui ne produirait autrement qu'une impression fugitive.

Nos deux « lauréates » avaient grand besoin de repos ; aussi bien, l'été s'avançait, et le moment des vacances allait venir. Nous partîmes pour Croissy, Marthe et moi, avec la famille Émery.

Quand on a pris l'habitude de l'étude, on ne s'en défait pas pour bien longtemps ; Geneviève et son amie, après deux jours de flânerie, déclarèrent en avoir assez et retournèrent à leurs livres. J'eus soin, cependant, qu'elles ne se fatiguassent pas par un travail exagéré, et je repris avec elles mes courses d'autrefois dans les champs.

Ce n'étaient plus, comme auparavant, des prétextes à les instruire que je cherchais dans nos promenades, c'était un délassement pour

1. « La lecture de tous les bons livres, dit Descartes, est comme une conversation avec les plus honnêtes gens des siècles passés qui en ont été les auteurs, et même une conversation étudiée en laquelle ils ne nous découvrent que le meilleur de leurs pensées. »

l'esprit, après les heures consacrées encore à l'étude.

Geneviève et Marthe s'étaient mis en tête d'apprendre le latin ; je ne les en détournai pas, car cette étude me paraît nécessaire dans une éducation qu'on veut complète. J'en dirai autant de l'étude de la philosophie.

Ma fille et son amie travaillèrent donc encore tout l'été, un peu en amateurs, mais avec fruit.

A son retour à Paris, Geneviève commença à donner des leçons. Sa grande intelligence, la façon claire dont elle s'exprimait, le succès de ses examens récents lui amenèrent des élèves ; sa douceur et l'autorité qu'elle savait prendre sur elles les lui attachèrent.

Marthe étudiait le dessin avec Hélène, qui avait commencé elle-même à enseigner, bien que ce ne fût pas, disait-elle, sa vocation. Hélène avait des visées plus hautes. Très artiste, très désintéressée, éprise d'idéal, elle mettait son bonheur à trouver une couleur rare, à tracer une ligne gracieuse et pure. Toute préoccupation pratique troublait l'harmonie de sa vie, et, pourvu qu'elle fût sûre du pain quotidien, elle ne désirait rien au-delà pour la vie matérielle.

C'était une nature essentiellement honnête ;

aussi Mᵐᵉ Émery n'avait-elle pas hésité à lui laisser suivre un célèbre cours de peinture, bien que dans les ateliers, en général, la liberté du langage soit grande et que les jeunes filles s'y trouvent en contact avec des étrangères venues un peu on ne sait d'où. Mais, pour la femme qui veut travailler sérieusement, il n'y a pas d'enseignement meilleur que celui qui est donné dans ces cours par les maîtres les plus illustres. C'est là seulement, aussi, que l'élève peut travailler d'après le modèle vivant.

Hélène fréquentait assidûment l'atelier de M. P... F... Grâce aux conseils qu'il lui donnait, grâce, surtout, à son propre travail, elle fut en état d'envoyer un tableau à l'exposition l'année qui suivit les examens de sa sœur. Elle ne voulait pas, tout d'abord, concourir pour l'admission, peu soucieuse de voir son nom figurer dans un livret, et n'y consentit enfin que sur les instances de ses parents et d'après l'avis de son professeur.

Dans le même temps, Juliette suppléait sa maîtresse de piano, qui, forcée de s'absenter, ne voulait pas interrompre les leçons de ses élèves. Mᵐᵉ C..., à son retour, lui confia la direction d'un de ses cours.

Ainsi, M. et Mme Émery étaient dégagés d'inquiétude pour l'avenir de leurs filles ; elles sauraient, dans la vie, se tirer d'affaire et se feraient, par leur talent, une position indépendante.

CHAPITRE XIX

LE GOUVERNEMENT DE LA MAISON.

Il faut apprendre à tenir sa maison. — La couture. — Il faut savoir faire la cuisine. — Déférence envers les gens âgés. — Bienveillance.

En toutes choses, mais surtout lorsqu'il s'agit d'éducation, une méthode raisonnée est nécessaire à suivre. Contrairement à l'avis de certaines mères qui jugent bon de charger leurs filles de très bonne heure du soin de les aider dans les détails du ménage, je pense qu'il est préférable d'attendre pour cela la fin des études.

On peut, sans déranger une jeune fille de son travail, sans prendre sur le temps qu'elle doit employer plus utilement, sans donner à cette question une autre place que celle qu'elle comporte, on peut, dis-je, l'accoutumer à l'idée que bien tenir sa maison est un devoir tout simple, qu'elle aura à remplir un jour.

L'essentiel est d'en causer à l'avance avec elle et de lui faire comprendre que l'ordre et la vigilance sont les bases de ce qu'on nomme la science du ménage. Il n'est point de jeune fille qui, ainsi préparée, n'acquière en peu de temps, sous la direction maternelle, la pratique et l'expérience nécessaires au gouvernement d'une maison.

Compliquer l'instruction de Marthe par une étude spéciale de l'économie domestique me semblait inutile ; mais je l'avais souvent entretenue du prix et de la valeur des choses, de façon qu'elle n'y demeurât pas tout à fait étrangère. Elle eût mis volontiers ses devoirs de côté pour m'aider plus tôt dans les occupations du ménage, lesquelles demandent moins d'application d'esprit que l'étude ; mais j'avais suivi strictement mon plan, estimant qu'il faut considérer d'abord les intérêts généraux qui doivent diriger l'ensemble de la vie.

Une jeune fille dont l'esprit et la raison sont déjà formés n'aura aucune peine à apprendre les pratiques journalières du ménage, tandis que celle dont l'intelligence aura été portée vers les choses domestiques particulièrement éprouvera ensuite les plus grandes difficultés pour devenir un esprit distingué.

Il en est de même de la couture, le plus utile de tous les talents pour une femme.

On doit de bonne heure apprendre à coudre aux filles ; le goût de cette occupation est d'ailleurs tellement inné chez elles que l'enfant s'y essaye presque dès le premier âge.

Il faut les habituer à l'idée qu'elles devront un jour faire leurs robes et leurs chapeaux; mais, ainsi que je le disais à propos des soins du ménage, je crois qu'il ne faut pas *trop tôt* les diriger vers ce genre d'occupation qui les détournerait d'études plus sérieuses.

Marthe savait donc coudre, comme toutes les jeunes filles de son âge, mieux peut-être, parce qu'elle s'était exercée sur des choses utiles; mais elle eût été assez embarrassée pour tailler une robe. Ses études étant terminées, je pensai que le temps était venu de lui faire donner quelques leçons de *coupe*. Avec l'ardeur et l'activité qu'elle mettait à toutes choses, ma fille apprit très vite, et, à l'aide de Marianne, elle se confectionna un costume que n'eût pas désavoué une couturière de profession.

Mon ambition ne devait pas s'arrêter là. Je voulais qu'en toute circonstance ma fille fût en état de se tirer d'affaire. Après l'avoir mise au courant des détails de l'intérieur et lui avoir confié une partie des soins domestiques, je résolus de lui faire donner quelques notions culinaires. Il faut, à mon avis, savoir faire autant que possible les choses qu'on doit commander, afin de juger de ce qu'elles coûtent et du temps qu'elles demandent. Je rencontrai chez Marthe un peu de résistance ; outre son antipathie pour la cuisine, la perspective de recevoir des leçons de Rosalie — qui, comme tous les anciens domestiques, était un peu grognon — lui déplaisait particulièrement.

— Maman, est-ce bien nécessaire ? me disait-elle, câline.

— Indispensable, ma chérie ; tu auras plus d'une fois l'occasion d'appliquer les connaissances que tu vas acquérir. Il n'est pas de maîtresse de maison qui ne se trouve à un moment donné dans la nécessité ou de former une cuisinière ou de faire elle-même la cuisine.

Pour rendre à Marthe la tâche moins désagréable, je lui offris d'assister aux leçons, et lui inspirai le désir d'offrir à ses jeunes amies un repas fait de sa main.

Un mois plus tard, Rosalie déclara que Marthe en savait assez pour se tirer d'affaire sans elle.

Nous convînmes, ma fille et moi, d'adresser notre invitation le jour même. Nous descendîmes après le dîner. Toute la famille se trouvait réunie au salon. J'expliquai en quelques mots le but de notre visite, et réclamai en riant l'indulgence pour les débuts de la jeune cuisinière.

— Est-ce que Rosalie s'en va? s'écria Mlle Cyprienne, en laissant tomber son tricot.

Un éclat de rire général accueillit cette naïveté de la vieille fille.

— Ah çà, ma tante, est-ce que vous vous imaginez par hasard que Mme Le Perrier est ruinée? dit Hélène avec ironie.

— Cela n'aurait rien d'étonnant, répliqua d'un ton aigre Mlle Cyprienne; on voit tant de gens qui n'ont pour eux que les apparences!... Je ne dis pas cela pour vous, madame, s'empressa-t-elle d'ajouter, en se tournant vers moi.

— Au contraire, murmura Hélène.

— Mais, poursuivit la vieille fille, il faut avouer que c'est une drôle de mode, celle qui consiste à faire d'une femme savante une cuisinière !

— Oh ! oui, drôle de mode, répéta en écho Mlle Mélanie, la sœur de Mlle Cyprienne.

— Je vois ce que c'est, dis-je gaiement, Mlles Émery ont peur d'être empoisonnées par ma fille.

— Mes sœurs ne sont pas forcées d'accepter, fit sur le même ton Mme Émery.

— Pardon, chère amie. Je tiens beaucoup à avoir vos belles-sœurs, quand ce ne serait que pour les faire revenir sur la mauvaise opinion qu'elles ont des talents culinaires de Marthe. Je compte sur vous, n'est-ce pas, mesdemoiselles ?

— Avec plaisir, répondit Mlle Cyprienne, évidemment flattée de mon insistance.

— Avec plaisir, répéta l'écho.

Et le reste de la soirée se passa sans autre nuage.

— Pourquoi donc, maman, avez-vous insisté pour avoir Mlles Émery, qui sont si désagréables ! A votre place, moi, j'aurais profité de la réflexion désobligeante qu'elles ont faite pour me priver de leur présence.

Quoique, en vérité, ces deux demoiselles fussent d'assez ennuyeuses personnes, il suffisait qu'elles fussent vieilles et pauvres pour que je tinsse à ne point les froisser. Je ne pouvais accuser Marthe de leur avoir manqué de respect et encore moins empêcher sa raison de les juger telles qu'elles étaient.

Je lui avais, dès l'enfance, imposé l'habitude du respect qu'on doit à la vieillesse, et ne lui avais jamais permis aucune légèreté de paroles sur ceux qui devaient être l'objet de sa déférence. Ce sentiment que j'avais imprimé en elle, avant même qu'elle ne fût en âge de le comprendre, l'avait habituée à une grande retenue de pensées.

Je n'avais point eu à lui reprocher ces sottes plaisanteries, ces remarques malveillantes que font beaucoup de jeunes filles sur telle faiblesse, ou tel ridicule d'une personne âgée. Elle s'était accoutumée à ne point voir ces imperfections ou du moins à n'en pas parler. Mais aujourd'hui que le développement de son intelligence lui permettait d'apprécier les choses, il m'eût été impossible de lui dissimuler la vérité qui s'imposait à sa raison.

Aussi pensai-je qu'il était à propos de m'adresser à son cœur pour obtenir d'elle qu'elle supportât gracieusement les bizarreries d'humeur, ou les fantaisies incommodes des vieilles personnes. La bienveillance est une vertu qu'il faut développer chez les jeunes filles; elle tient à la fois de la politesse et de la charité chrétienne.

Cette disposition de l'esprit, qui nous fait envisager avec indulgence les faiblesses et les défauts des autres et qui nous porte à les excuser, est une des qualités qui nous attirent le plus de sympathies. Je n'eus pas besoin de grands efforts pour amener Marthe à ce que je désirais.

— Je conviens avec toi que Mlles Émery ne sont pas des types de grâce. Mais il faut tenir compte des circonstances, en toutes choses. Leur vie n'a pas été des plus heureuses ; elles ont éprouvé des déceptions, des mécomptes qui ont pu aigrir leur caractère ; elles sont âgées ; elles ont souffert et souffrent peut-être encore de leur situation, relativement fausse, et de l'inutilité de leur existence : cela suffit pour qu'elles aient droit à nos égards, à notre bienveillance. Il faut, ma chérie, savoir faire des concessions, des sacrifices même, pour être agréable aux autres.

Rappelle-toi ce qu'a dit à ce sujet un des plus beaux, un des plus profonds esprits des anciens siècles[1] : « La charité est patiente, douce, supporte tout, souffre tout ; ne se pique, ne s'aigrit de rien, ne soupçonne point, ne juge point ; et l'envie, l'orgueil, le dédain, lui sont inconnus ; enfin, elle veut que personne ne cherche sa propre satisfaction, mais le bien des autres ».

— Me voici résignée, maman, à bien rece-

_____

1. Saint Paul.

voir Mlles Émery et à leur faire goûter de ma cuisine. Êtes-vous contente?

J'embrassai tendrement le cher et doux visage qui sollicitait une caresse.

— Tu verras, ma mignonne, qu'avec un peu de patience et beaucoup de bonne grâce, nous parviendrons à désarmer ces pauvres vieilles demoiselles et à les rendre aimables.

— Oh! cela, ce serait un miracle, dit Marthe en riant, mais je vous crois capable de l'accomplir, maman.

CHAPITRE XX

LE CHOIX DES AMIES.

Inconvénient des mauvais exemples. — Amitiés exaltées. —
Jeunes filles dissipées, de mauvaise tenue. — Définition d'une
mauvaise éducation.

Les amitiés entre jeunes filles sont souvent
un danger. « Il faut apprendre aux demoiselles
à aimer raisonnablement, comme on leur apprend autre chose », disait Mme de Maintenon.

Elle avait ses raisons pour parler ainsi. A
l'âge de douze ans, elle avait ressenti pour la
maîtresse qui dirigeait sa classe une amitié
exaltée dont elle se blâme elle-même dans ses
mémoires : « Je n'avais pas de plus grand plaisir, dit-elle, que de me sacrifier pour son service ; j'étais fort avancée dans les exercices,
de sorte que, dès qu'elle était sortie, je faisais
lire, écrire, compter et jouer toute la classe,
et je me faisais un plaisir de faire tout son ouvrage sans qu'il me fallût d'autre récompense
que celle de lui faire plaisir. Je passais les
nuits entières à empeser le linge fin des pensionnaires, afin qu'elles fussent toujours pro-

pres et qu'elles fissent honneur à la maîtresse sans qu'elle en eût la peine ; j'étais charmée de voir son étonnement de trouver tout son ouvrage fait sans elle. Je faisais coucher promptement mes compagnes, je les pressais tant qu'elles n'avaient pas le temps de se reconnaître ; elles se couchaient pourtant diligemment et de bonne grâce, par complaisance pour moi, car j'étais fort aimée. Je pensai mourir de chagrin quand je sortis de ce couvent, et j'eus l'innocence, pendant plus de deux ou trois mois, de demander à Dieu, tous les jours, soir et matin, de mourir, ne pouvant comprendre que je pusse vivre sans la voir ; et cependant j'étais, en ce temps-là, dans de grandes ferveurs, mais c'était manque d'instruction, car si j'avais su qu'il ne faut pas souhaiter la mort pour de tels motifs, je ne l'aurais pas fait ; mais j'y allais bien simplement et bien franchement, puisque je m'adressais à Dieu, et que ce n'était pas par aigreur ni par amertume de cœur que je faisais cette prière. »

On voit, par cet exemple, le danger de l'exaltation en amitié, et, pourtant, il ne s'agit pas ici d'un sentiment réciproque, comme celui qui peut exister entre deux jeunes filles du monde. C'est sur ce dernier cas que je veux appeler l'attention des mères. Ce choix des amies est d'une haute importance à cette époque de la vie. Il est certaines jeunes filles, dont le caractère léger, inconséquent, offre de graves inconvénients dans le commerce journalier. Il en est d'autres que leur imagination précoce rend dangereuses au point de vue de la pureté de l'esprit ; il en est d'autres encore dont la mauvaise tenue et les manières équivoques, en donnant lieu à de fausses interprétations sur leur propre compte, peuvent nuire à la réputation des jeunes filles qui les fréquentent.

Le rôle d'une mère prudente est d'éloigner de sa fille ces exemples pernicieux qui peut-être détruiraient en peu de temps l'œuvre de plusieurs années. Lorsque ses relations mondaines lui paraissent devoir amener, entre sa fille et une autre jeune fille, des rapports d'amitié, son devoir est donc d'étudier le caractère de la nouvelle venue, de surveiller attentivement les commencements de cette liaison, de se former une opinion et d'agir en conséquence.

Le point important est de ne pas laisser à l'affection le temps de naître afin de n'avoir point à provoquer une rupture. Ainsi avais-je fait pour ma fille à l'égard de Jacqueline. J'avais d'ailleurs élevé Marthe dans des principes trop différents pour avoir à craindre que le caractère de Jacqueline lui inspirât une grande sympathie.

L'éducation de cette pauvre enfant était de celles qu'a définies avec beaucoup d'esprit M. Eugène Pelletan : « Quelle éducation intellectuelle donnez-vous à l'élite même de vos femmes dans votre société? dit-il. — Vous leur enseignez à peu près l'histoire, à peu près la géographie, à peu près la grammaire, à peu près la littérature, à peu près la langue allemande, ou la langue italienne, ou la langue anglaise, et lorsqu'elles ont légèrement effleuré du bout du doigt ces diverses études, vous déclarez le livre de la science fermé pour elles, et vous les lancez dans le monde à la rencontre d'un mari.

« La véritable éducation de la femme, à l'heure qu'il est, là, sous nos yeux, ne consiste pas précisément dans le plus ou moins de connaissances qu'elle peut donner à son esprit pour la vocation sévère de la maternité. Elle consiste principalement dans je ne sais quel savant noviciat de la séduction, dans l'art de la musique, de la danse, de la toilette, du chant, du dessin, dans tout ce qui peut poétiser, charmer, par-

fumer, et, en conséquence, abréger la distance
qui la sépare du mariage.

« Votre éducation apprend surtout à la jeune
fille à tenter un fiancé. On dirait que, son
contrat une fois signé, et son voile plié dans
son armoire, sa destinée est épuisée, sa vie
finie. Son éducation lui est inutile désormais ;
elle n'a plus qu'à congédier cette âme d'emprunt qu'elle avait prise, comme une amie de
jeunesse, uniquement pour l'accompagner jusqu'à la mairie. »

Et il ajoute : « Notre siècle corrigera, je
l'espère, cette éducation de passage, qui cor-
respond dans la vie de la femme à une seule
minute. La femme doit recevoir une instruction
qui rayonne également sur toutes les heures
de sa destinée ; elle doit fortifier, diviniser de
plus en plus son âme par l'étude, respirer cette
autre âme extérieure et flottante de la science,
monter plus près du ciel, en puissance et en
vérité, créer une sympathie de plus en elle
avec le monde des anges, je me trompe, des
esprits ; préparer d'avance une huile de senteur
à la blessure de la vie, et une dignité à la vieillesse..... »

CHAPITRE XXI

DE LA BONTÉ.

Une jeune fille doit savoir lire à haute voix
et jouer aux cartes.

L'art de bien lire à haute voix est un des compléments de l'instruction. Pour la plupart des jeunes filles, cette étude offre un grand attrait; pour Marthe, ce fut une véritable joie. Très lettrée, elle avait, comme Geneviève, la passion des vers, et souvent je les entendais réciter, à elles deux, des scènes de tragédie ou de comédie.

Je résolus de donner pour professeur à ma fille une éminente sociétaire, retirée de la Comédie française, qui joignait à un grand talent les manières les plus exquises. Pour que le plaisir de Marthe fût complet, j'associai Geneviève à mon projet, et les leçons se prirent en commun.

Mon intention, en donnant ce nouveau talent à ma fille, était surtout de lui procurer le moyen de se rendre agréable aux autres.

Faire la lecture au chevet d'un malade, lire

un journal à des parents dont la vue est affai-
blie, sont de petits devoirs qu'il faut savoir
accomplir d'une façon intelligente. Voici, à ce
sujet, l'opinion de M. Ernest Legouvé, qui est
passé maître en l'art de dire : « Il faut que les
femmes sachent lire, surtout lorsqu'elles se
vouent, comme les sœurs de charité, les gardes-
malades et les femmes-médecins, au soulage-
ment et à la consolation des malades. Il faut
qu'aux heures où ceux-ci souffrent le plus
cruellement, elles puissent leur faire la lecture. La lecture! Mais c'est le remède à tous
les maux, le pansement le plus sûr et le plus
facile; c'est l'oubli, c'est le rêve, c'est presque
le bonheur. » Avant M. E. Legouvé, Fénelon
avait déjà conseillé aux mères de faire apprendre à leurs filles à bien *lire* à haute voix.
« Il est honteux, disait-il, mais ordinaire, de
voir des femmes, qui ont de l'esprit et de la
politesse, ne savoir pas bien prononcer ce
qu'elles lisent : ou elles hésitent, ou elles
chantent en lisant; au lieu qu'il faut prononcer
d'un ton simple et naturel, mais ferme et uni. »

Une jeune personne doit aussi, quelque peu
que son goût l'y porte, apprendre à jouer aux
cartes. Il est telle circonstance où elle pourra
se rendre utile, dans un salon, soit en faisant

un besigue, soit en complétant un whist. Il faut
habituer les jeunes à savoir sacrifier parfois
leurs goûts pour faire plaisir aux personnes
âgées. Toutes ces attentions sont du domaine
de la bienveillance, ou mieux encore, elles sont
inspirées par la bonté, par le dévouement. La
bonté, cette vertu qui résume en elle presque
toutes les autres, et qu'il faut enseigner aux
enfants, je n'avais rien négligé pour la développer chez ma fille. Marthe était d'ailleurs
née avec cet instinct qui fait qu'on souffre de
la peine d'autrui, et qu'on se sent porté, par
sympathie, à l'alléger. « Les sentiments [1] dont
se forme la bonté tirent leur origine du plus
profond de nous-mêmes. Ce sont nos affections
qui nous instruisent à partager celles des
autres, et le caractère de la bonté est de se
trouver toujours en harmonie avec des besoins
qu'elle connaît sans qu'ils lui aient été expri-
més. C'est en dedans qu'ils se sont révélés à
elle ; du dedans vient l'impulsion dont elle suit
la loi ; en toute action, elle a une action pour
les autres ; attentive, elle n'oublie personne,
ne manque à rien ; le mot qui va blesser s'ar-
rête sur ses lèvres ; elle réprime même dans

1. Mme Guizot.

son cœur le sentiment capable d'affliger. Pénétrante, elle va au secours de la pensée qui n'ose se produire, lit dans les regards baissés, entend le soupir qu'on étouffe, comprend et saisit le désir à peine formé. L'être vraiment bon se sent lui-même, pour ainsi dire, au profit des autres ; ses impressions lui servent surtout à l'avertir des leurs ; et rarement éprouve-t-il une peine qu'il ne songe aussitôt à l'épargner à quelqu'un, une joie dont il ne s'occupe aussitôt délicieusement à faire jouir un autre que lui. »

Si l'instinct de la bonté était inné chez Marthe, elle avait eu pendant longtemps le défaut qui est le plus grand ennemi de cette vertu : l'irréflexion. Il m'avait fallu employer à la fois une grande persévérance et une certaine adresse pour dissimuler la leçon sous l'apparence de la causerie ; mais l'heureux résultat de mes efforts me payait largement de ma peine.

Marthe était véritablement bonne, et bonne sans faiblesse : « Rien n'est plus rare que la véritable bonté, dit La Rochefoucauld ; ceux mêmes qui croient en avoir n'ont d'ordinaire que de la complaisance ou de la faiblesse. » Ma fille avait une bonté active.

Associée à mes œuvres de charité, elle ne se laissait point rebuter par la vue des misères humaines, qu'elle cherchait à soulager dans la mesure de ses moyens. Fidèle au précepte qui dit que « chaque calcul d'économie est un calcul de bienfaisance », elle savait retrancher de son superflu pour donner aux pauvres, et apportait dans la pratique de ses bonnes œuvres cette délicatesse de cœur qui la faisait chérir de tous. « N'éloignez pas les femmes du lit des malades, c'est là leur poste d'honneur[1]. »

1. Mme C. Fée.

CHAPITRE XXII

LA **POLITESSE.**

Savoir s'ennuyer. — Tenue d'une jeune fille dans le monde.
La jeunesse est cassante.

Mon vieux docteur, qui était un esprit très
distingué, me dit un jour avec son fin sourire :

— Vous avez beaucoup fait pour Marthe, vous
lui avez donné des vertus et des talents ; mais
je gage qu'il est une chose que vous avez oubliée...

— Hélas ! cher docteur, je crains qu'il n'y
ait plus d'une lacune... Mais de laquelle voulez-
vous parler ?

— Avez-vous appris à Marthe qu'il faut savoir s'ennuyer ?

J'aurais pu répondre au docteur que ma fille
ne s'ennuyait jamais ; que je lui avais appris
à n'être pas oisive, et que cela seul suffisait
à écarter l'ennui. Toutefois, en réfléchissant,
je reconnus que le docteur avait raison et qu'il
est des occasions où le travail ne peut venir au
secours d'une jeune fille. « Je vous apprends,
dit Mme de Maintenon dans ses Mémoires, au

cas que vous ne le sachiez pas encore, que c'est une bonne chose de savoir s'ennuyer ; mais c'en est une meilleure d'être d'un assez heureux caractère pour ne le pas faire et de savoir tellement s'accommoder de son état, qu'on en porte toutes les contraintes de bon cœur et sans ennui. »

C'est à cette dernière considération qu'il faut surtout s'arrêter. Savoir s'accommoder de tout, supporter patiemment et de bonne grâce les petites contrariétés qui se présentent, c'est évidemment la preuve d'un heureux caractère, mais c'est aussi le résultat de l'éducation.

Mᵐᵉ de Maintenon cite la princesse d'Elbeuf, qui avait coutume de jouer aux cartes avec la duchesse de Bourgogne : sa fille demeurait assise à son côté, sans dire un seul mot ; les jours ouvriers, elle travaillait, et les dimanches et fêtes elle était, les bras croisés, à regarder jouer, et à s'intéresser au jeu de sa mère, et quelquefois, lasse et ennuyée, elle fermait les yeux.

Nous ne demandons pas tant à nos filles aujourd'hui ; nous sommes, au contraire, tombées dans l'excès opposé. Sans aller aussi loin que la princesse d'Elbeuf, il est bon, ainsi que le disait le docteur, de savoir se soumettre aux choses ennuyeuses : par exemple, entendre un discours fastidieux sans témoigner d'impatience ; supporter de bonne grâce la présence de gens dont la conversation est insipide ; rendre des visites de convenance à des personnes assommantes et s'y montrer aimable; se trouver dans une société, absolument différente du milieu dans lequel on a coutume de vivre, s'y déplaire et ne point laisser paraître son ennui, sont des actes de politesse. « Il est nécessaire d'écouter ceux qui parlent, dit La Rochefoucauld. Il faut leur donner le temps de se faire entendre et souffrir même qu'ils disent des choses inutiles. Bien loin de les contredire ou de les interrompre, on doit, au contraire, entrer dans leur esprit et dans leur goût, montrer qu'on les entend, louer ce qu'ils disent autant qu'il mérite d'être loué, et faire voir que c'est plutôt par choix qu'on les loue que par complaisance. »

Cet esprit de société est une chose à laquelle on ne saurait trop tôt habituer les jeunes filles. Il n'est pas nécessaire pour cela d'attendre qu'elles aillent *dans le monde*. Sans sortir de son cercle d'amis, une jeune personne peut apprendre, par avance, cette science des manières qui consiste à savoir se tenir convenablement dans un salon ; à entrer, à sortir sans embarras ni gaucherie ; à garder un maintien modeste et réservé ; à parler peu et sans éclats de voix ; à ne pas rire immodérément, sans pour cela se croire forcée d'affecter une gravité au-dessus de son âge ; à saluer gracieusement tous ceux qui se trouvent là, observant une plus grande retenue lorsqu'elle s'adresse à un homme.

Depuis que la mode anglaise a introduit dans notre société la coutume du *shake-hands*, une certaine liberté de manières s'est glissée dans les relations mondaines entre les jeunes gens des deux sexes. Il est pourtant de bon goût de ne point s'y laisser aller et d'habituer une jeune fille à imposer par sa tenue un respect qui exclut toute familiarité. Qu'elle donne la main à un vieillard, à un parent, à un ami intime, rien de mieux ; mais, en général, lorsqu'elle se trouve en face d'un homme jeune, elle doit se contenter d'une inclinaison de tête, pour répondre au salut qui lui est adressé.

Il est bien entendu que cette réserve doit s'allier à la politesse, et qu'avec tous une jeune personne est tenue d'être polie et aimable. Bien que la politesse soit une chose purement extérieure, Rollin prétend qu'elle est le ré-

sultat d'un sentiment de bienveillance : « La
politesse, dit-il, consiste à ne point trop s'aimer
soi-même ; à ne point tout rapporter à soi ; à
éviter de rien faire ou de rien dire qui puisse
blesser les autres ; à chercher les occasions de
leur faire plaisir, et à préférer leurs commo-
dités et leurs volontés aux siennes. C'est à quoi
les parents doivent surtout veiller. Quand les
jeunes gens sont exercés à la pratique de ces
maximes, la politesse ne leur coûte plus rien,
et trois mois d'usage du monde achèvent de
leur apprendre tout ce qu'ils en doivent savoir. »

Cela reviendrait à dire que la politesse consiste à s'oublier soi-même pour les autres.
Ce n'est point ainsi que l'entend La Bruyère :
« La politesse, dit-il, n'inspire pas toujours la
bonté, l'équité, la complaisance, la gratitude,
elle en donne du moins les *apparences*, et fait
paraître l'homme au dehors comme il devrait
être intérieurement. »

Ce grand moraliste était peut-être plus près
de la vérité que Rollin, car, en effet, on peut
être parfaitement poli, sans être ni bon, ni
juste, ni complaisant : c'est, en ce cas, une
qualité qu'on acquiert et qu'on cultive par esprit de société. C'est cet esprit de société

qui nous rend polis, prévenants même, pour des personnes que nous connaissons à peine ; cette politesse, dont nous avons pris l'habitude par l'exemple, et par l'usage du monde, devient une satisfaction personnelle et comme un brevet de bonne éducation que nous nous accordons à nous-mêmes. Elle imprime à nos manières un cachet qui ne s'efface point, et qui donne du charme au commerce journalier de la vie.

Lord Chesterfield, un des grands esprits du siècle dernier, était tellement persuadé de l'importance des bonnes manières que, si occupé qu'il fût des affaires de l'État, il écrivait tous les jours à son fils, âgé de sept ans, sur ce sujet ; ses lettres sont remplies d'avis sur la manière d'entrer dans un salon, de s'y asseoir, d'en sortir ; sur le maintien qu'on doit avoir à table, au spectacle, à la promenade, à l'église ; sa sollicitude paternelle s'étend à tout ; il n'oublie rien — il va même jusqu'à recommander à son fils de se *moucher* souvent, proprement et sans bruit.

Mme de Maintenon donne également d'excellents conseils à l'égard de la politesse ; dans une de ses instructions aux élèves de Saint-Cyr, je relève ce passage qu'il me paraît utile de répéter aux jeunes filles : « Que toutes vos actions soient tranquilles, douces et modestes; ne jetez point une porte, ni un siège ni un livre de toutes vos forces, comme un manœuvre ferait d'une pierre. Conduisez la porte doucement avec la main, et posez de même de bonne grâce le siège, le livre, ou toute autre chose. Ne passez devant personne sans faire la révérence. Ne recevez jamais rien et ne présentez jamais rien à qui que ce soit sans faire auparavant un geste de politesse. Parlez bon français et n'inventez pas mille mots qui ne signifient rien et ne sont en usage nulle part. Puisque Dieu vous a fait naître demoiselles, prenez-en les manières aussi bien que les sentiments, et mettez-vous dans l'esprit, une fois pour toutes, que, quelque vertu, quelque mérite, quelque talent et quelques bonnes qualités que vous puissiez avoir d'ailleurs, vous serez insupportables aux honnêtes gens, si vous ne savez pas vivre. »

« Choisir la place la plus commode; prendre ce qu'il y a de meilleur sur la table; interrompre ceux qui parlent; parler trop haut; montrer par quelque air du visage que ce que l'on dit vous fâche ou vous ennuie, et qu'on le trouve trop long; parler bas à l'oreille devant quelques personnes à qui l'on doit du respect ; parler ou faire du bruit à un spectacle, en cérémonie ; parler de quelque défaut devant ceux qui l'ont ; se mettre devant le jour de quelqu'un qui travaille ou qui fait quelque autre chose ; s'approcher de trop près de quelqu'un qu'on respecte ; ne pas attendre la fin d'une histoire qui vous ennuie ; ne pas craindre de faire attendre ; ne pas craindre d'incommoder les autres, c'est manquer de savoir-vivre. »

Tous ces détails, qui révèlent la finesse d'observation de la femme du monde, et qui portent sur la société d'autrefois, sont encore applicables aujourd'hui, et une mère ne saurait mieux faire que de les apprendre à sa fille.

Ce qu'il importe également de recommander à une jeune personne qui commence à prendre rang dans le monde, c'est, lorsqu'elle se trouve mêlée à une conversation, de ne point affirmer ses opinions d'un ton tranchant. Il ne faut point, sans doute, l'exclure des entretiens sérieux, et elle doit être en état d'y prendre part, sans prétention et sans pédanterie. Il est surtout indispensable qu'elle sache écouter. Un homme d'esprit a dit : « Écouter, c'est ce que les femmes et surtout les jeunes filles savent le moins faire ; et pourtant on les juge à la manière dont elles écoutent, bien plus qu'à la manière dont elles parlent. La timidité, ou tel autre obstacle, peut enlever à une jeune fille ses avantages dans la conversation ; mais rien ne peut jamais l'empêcher de bien écouter, de ne pas déranger, détourner, rabaisser par une interruption maladroite ou une question intempestive la conversation qui s'anime et s'élève.

« Écouter ! cet art si rare que je voudrais cultiver chez une jeune fille avant le dessin et la musique : le premier des arts libéraux !

« Et cet art-là, au moins, il n'est pas de loi somptuaire qui l'interdise aux femmes. Elles peuvent le pratiquer au grand bénéfice de ceux qui apprécient cette chose rare, délicate et charmante qu'on appelle une *bonne conversation*, et sans même courir le péril du sarcasme ordinaire. »

La jeunesse est généralement cassante : « Plus on ignore, moins on connaît son ignorance ! Plus on est capable de se tromper, moins on s'en doute. »

On voit dans le monde des jeunes filles qui, au lieu de s'incliner devant l'opinion de gens plus âgés, et par conséquent plus éclairés qu'elles, s'obstinent à défendre une idée contraire à celle qu'on vient d'émettre. Je ne doute point qu'elles ne soient de bonne foi — sans quoi leur obstination serait de l'esprit de contradiction.

Si une jeune fille n'a pas encore assez de raison pour comprendre qu'elle peut se tromper, et que son inexpérience doit céder devant l'expérience des autres, il faut au moins l'accoutumer à une réserve de formes prescrite par la simple politesse. Tel n'était pas le cas de la famille Blavet.

Germaine et Colette, Germaine surtout, qui était devenue une grande jeune fille, ne s'arrêtaient jamais à des considérations de politesse, qui les eussent gênées. Je me souviens de la fine leçon que lui donna un jour, chez moi, un de mes vieux amis.

C'était un jeudi, jour de réception, à l'heure où affluent les visites, au moment du *five o'clock tea*. Marthe faisait, avec Geneviève, les honneurs de la table à thé, posée dans un coin du salon, et, leur service fini, elles étaient venues s'asseoir près de leurs amies.

La conversation engagée entre nous, grands parents, devint bientôt générale. On causait de la représentation de la veille aux Italiens et des débuts d'une grande cantatrice étrangère dans *Lucia*. Presque toutes les personnes qui se trouvaient là avaient assisté à cette solennité musicale, et chacune donnait son avis sur le talent de la chanteuse et l'opéra qu'elle avait choisi pour débuter. Une discussion s'engagea au sujet des différentes écoles ; les uns préféraient les Allemands, les Italiens, d'autres encore préconisaient l'école wagnérienne.

Cette discussion fût restée ce qu'elle devait être, sans l'apostrophe lancée par Germaine à un vieux dilettante, qui avait beaucoup fréquenté le Théâtre-Italien, du temps de Lablache, de Mario, de Mmes Grisi et Sontag. Avec le ton cassant qui lui était propre, elle se mit à défendre une thèse opposée à celle de M. X..., soutenant que Wagner seul existait, et elle termina en disant qu'il fallait être *jeune* pour comprendre cela, et que la musique italienne était ganache.

On comprend que cette impertinence dut causer un certain malaise. Après quelques instants de silence, mon vieil ami, qui n'avait pas sourcillé, se tourna vers Marthe :

— Et vous, mademoiselle Marthe, dit-il, quelle est votre opinion sur ce grave sujet? Vous ne nous avez rien dit de vos préférences:

— Oh! moi, monsieur, dit Marthe en souriant, je suis éclectique, j'aime tout ce qui est beau, sans m'occuper de savoir si ce qui me plaît appartient à une école plutôt qu'à une autre.

— Ce n'est pas compromettant, dit Germaine en ricanant.

— S'il faut absolument préciser mes goûts, reprit Marthe, je dirai que, comme musique symphonique, je préfère l'école allemande; quant à la musique vocale, c'est différent. A côté des grands maîtres allemands, de Meyerbeer, par exemple, il me semble qu'on peut placer les grands maîtres italiens comme Rossini, comme Verdi, et que ceux-ci ne sont pas au-dessous de ceux-là.

— Prenez garde, mademoiselle, vous allez vous faire traiter de *ganache* par votre jeune amie, dit finement le vieux dilettante en se tournant du côté de Germaine.

Celle-ci rougit et n'osa riposter. Quoiqu'il fût déjà bien tard pour la corriger, de telles leçons portaient leur fruit. Elle était à l'âge où les humiliations, si légères qu'elles soient, paraissent pénibles à supporter, et il n'était pas difficile de prévoir qu'elle s'en attirerait plus d'une, par sa façon de parler.

« Il ne faut jamais rien dire avec un air

d'autorité, ni montrer aucune supériorité d'esprit. Il n'est pas défendu de conserver ses opinions, si elles sont raisonnables. Mais il faut se rendre à la raison aussitôt qu'elle paraît, de quelque part qu'elle vienne ; elle seule doit régner sur nos sentiments ; mais suivons sans hésiter les sentiments des autres, et sans faire paraître du mépris de ce qu'ils ont dit[1].»

Or, lorsqu'on songe que ces avertissements s'adressent aux hommes, il est permis, à plus forte raison, de les prescrire aux jeunes filles.

1. La Rochefoucauld.

CHAPITRE XXIII

CONSIDÉRATIONS SUR LE MARIAGE.

Juliette Émery se marie. — Prévoyance maternelle.
Idées indépendantes. — La beauté.

Un grand événement se préparait dans la famille Émery. On allait marier Juliette.

En parents intelligents, M. et Mme Émery s'étaient arrangés, depuis quelques années, pour ne recevoir que des jeunes gens dont la situation fût en rapport avec la leur, et dont le caractère leur inspirât assez d'estime pour qu'ils ne craignissent pas de les admettre dans leur intimité. C'est un exemple que toutes les mères devraient suivre. En effet, il n'est pas rare de voir accueillir dans une maison des hommes dont une mère ne voudrait à aucun prix pour gendre. Dans son imprévoyance et pour satisfaire aux exigences du monde, elle laisse pénétrer chez elle des personnes qui ont pour elles les apparences, mais dont la moralité lui est inconnue. Non seulement une mère doit s'attacher à bien connaître les jeunes gens qu'elle reçoit, mais encore elle doit rechercher, en vue d'une union possible entre eux et ses filles, la sympathie de caractère, de sentiments et d'idées sans lesquels le bonheur ne saurait exister. « Il n'y a de société qu'entre les intelligences [1]. »

Il est également dangereux pour l'avenir d'une jeune fille de lui faire concevoir des espérances qu'on ne pourra réaliser, et de lui laisser voir fréquemment tel jeune homme dans une situation de fortune trop supérieure à la sienne, ou tel autre dont la position incertaine n'offre pas de suffisantes garanties.

Ces réflexions, très sages, soumises par Mme Émery à son mari, avaient obtenu l'assentiment de celui-ci, et, sans écarter absolument toute nouvelle connaissance, M. et Mme Émery avaient eu soin de n'accueillir que des jeunes gens de bonne famille et de bonne éducation.

Parmi les amis, que des soirées hebdomadaires réunissaient chez eux le samedi, M. Amédée Lefort, architecte, fut un de ceux qui recherchèrent la main de Juliette. Touché par la grâce et l'esprit de la jeune fille, et séduit par son grand talent musical, il préféra — chose rare par le temps qui court — se

____

1. Lamennais.

marier à son goût qu'épouser une dot. Il plaisait à Juliette et à ses parents ; le mariage fut donc promptement décidé. On agita la question de savoir si Juliette continuerait à donner des leçons. Quoique M. Lefort ne fût pas d'abord de cet avis ; on lui persuada d'y consentir, au moins pendant les premières années. Juliette recevrait chez elle ses élèves, et, de la sorte, pourrait tenir sa maison, tout en apportant au ménage sa part de bien-être.

— Juliette a une assez bonne tête pour mener tout cela de front, disait Hélène, qui était ravie du mariage de sa sœur. Elle dirigera ses élèves, sa maison et... son mari. Pour ce dernier, c'est déjà fait ; il est sous le joug.

— Après, ce sera ton tour, lui dis-je.

— Oh ! moi, c'est différent ; ma peinture me suffit. Et puis, j'ai la vocation d'être vieille fille... oh ! rassurez-vous, madame, pas une vieille fille comme tante Cyprienne, non, mais une douce vieille fille, pleine de manies inoffensives, ne traînant à sa suite ni chat, ni chien, ni perroquet, n'entravant la liberté de personne, mais la réclamant pour elle-même : rester libre, indépendante est mon vœu le plus cher.

Il y a un si grand charme dans la jeunesse

à se sentir libre de toute contrainte, que, si peu qu'on ait d'originalité dans l'esprit, il est aisé de se tromper sur sa vocation. Une jeune fille de vingt ans ne s'inquiète guère de l'avenir. Si elle se trouve heureuse dans sa famille, elle ne veut point songer au temps où elle restera seule avec le souvenir des chers disparus. C'est aux parents à s'en préoccuper pour elle.

Mme Émery combattait donc, chez sa fille, ces idées d'indépendance qui auraient pu nuire à son établissement. J'intervenais à l'occasion et je ne manquais pas de répéter à Hélène que le sort de la femme est de se soumettre et de vivre dépendante ; sa seule liberté est la liberté morale : « celle de pouvoir à l'égal de l'homme se décider à son choix, pour le bien ou pour le mal[1] ».

— Mais, madame, je me borne à user de la liberté morale que vous accordez à la femme, et je n'agis point mal en désirant coiffer sainte Catherine. D'ailleurs, mes parents auront besoin de moi. Geneviève, qui est bien la sœur de Marthe et qui est un trésor comme elle, fera le bonheur d'un mari, et quittera dans peu d'années la maison paternelle pour suivre

1. Mme de Bawr.

son époux, comme dit une vieille romance de Loïsa Puget. Il faudra bien alors que maman ait quelqu'un pour l'aider et pour la consoler d'avoir perdu ses deux chères filles. Que deviendrait tante Cyprienne elle-même, si elle n'avait plus personne à gronder ! Vous voyez bien, chère madame, que je serai plus utile en restant à la maison qu'en me mariant.

Il y avait du vrai dans ce que disait cette charmante fille, qui n'avait peut-être pas la vocation du célibat, mais qui avait, à coup sûr, celle du dévouement. Sa tendresse pour sa mère lui avait fait remporter sur elle-même une grande victoire en l'aidant à vaincre cette indolence et ce défaut d'ordre qui suffisent à étouffer les plus belles qualités. Elle s'était efforcée de s'intéresser aux questions de ménage dans le but de soulager sa mère, et elle y était arrivée.

On ne la voyait plus, comme jadis, coiffée à la diable, habillée d'une façon incorrecte, ayant toujours dans son ajustement je ne sais quel laisser-aller. Sans y mettre une coquetterie étrangère à sa nature, elle savait s'arranger d'une façon qui mettait en relief son genre de beauté.

Si une fille est jolie, il serait puéril de vouloir lui persuader qu'elle est laide. Il faut seulement qu'elle sache que si la beauté est un avantage, elle est loin d'être le premier ; qu'un accident, une maladie peuvent l'en priver, et qu'en outre la beauté ne dure qu'un petit nombre d'années.

Aristote regardait la beauté comme un don. Socrate l'envisageait avec plus de raison comme une tyrannie de peu de durée.

Une femme qui est esclave de sa beauté, qui ne songe qu'à conserver la fraîcheur de son teint, qu'à cultiver ses charmes, qu'à embellir les traits de son visage, se prépare de longs regrets et des ennuis mortels.

Il faut donc persuader aux jeunes filles que la beauté peut exciter l'admiration, mais que seul le mérite attache et retient.

CHAPITRE XXIV

LES DROITS DE LA FEMME.

Les droits de la femme.—Bal.— La toilette des jeunes filles.—
Conseils pour le bal.— Équitation. — Exercices sportiques.
—Les voyages.—Supériorité des Anglaises dans l'étude des
langues vivantes.

Quelque temps avant le mariage de Juliette, celle-ci, avec ses sœurs et Marthe, était chez moi.

— Mon père, me dit Juliette, est allé aujourd'hui chez le notaire, pour s'occuper de mon contrat.

— Est-ce que tu seras forcée d'en entendre la lecture, ma pauvre Juliette ? demanda Hélène.

— Mes chères enfants, dis-je à mon tour, il faut penser parfois aux choses pratiques, et je m'étonne qu'avec un esprit aussi sérieux que le vôtre, vous parliez encore en petites filles. Sans écouter ce fameux contrat comme un morceau de littérature, vous devriez tâcher d'y comprendre quelque chose et d'y démêler vos intérêts.

— Ce sera plein de termes de droit, madame, objecta Hélène.

— Et pourquoi les femmes ne sauraient-elles pas un peu de droit, en ce qui les concerne, tout au moins ? Fénelon demandait qu'elles sussent quelque chose des principales règles de la justice ; par exemple, la différence qu'il y a entre un testament et une donation ; ce que c'est qu'un contrat, une substitution, un partage de cohéritiers, les principales règles du droit ou des coutumes du pays où l'on est, pour rendre ces actes valides, et en me servant de ses expressions — ce que c'est que « propre », ce que c'est que « communauté », ce que c'est que « biens meubles et immeubles ». Il ajoutait, en parlant des jeunes filles : « Si elles se marient, toutes leurs principales affaires rouleront là-dessus. »

Or, sans penser qu'une fois mariées, vous aurez beaucoup à vous occuper d'affaires, je trouve qu'il est bon que vous compreniez celles où vous figurerez forcément.

— Si vous nous expliquiez toutes ces choses, maman, dit Marthe, vous nous les rendriez intéressantes, j'en suis sûre.

— Je veux bien essayer de vous les rendre claires, et si vous avez maintenant une demi-heure de libre, je vais commencer sur-le-champ mes explications.

Les jeunes filles déclarèrent être prêtes à m'entendre, j'allai chercher un livre traitant du sujet, et je commençai :

— Ce n'est pas une conférence, une leçon que je vous fais. Je veux seulement vous donner quelques notions, que vous compléterez par des lectures, si le goût vous en vient. Vous pouvez m'interrompre et m'interroger. La question qui, pour nous, en ce moment, a le plus d'actualité, c'est celle du contrat de mariage. Parlons-en donc.

« Le mariage, dit l'auteur du livre qui me servira de guide, c'est l'avenir ! celui des deux époux, celui de la famille.

« Ce souci de l'avenir se rattache de près à la pensée de la dot ; tous deux se lient ensemble intimement, étroitement ; et il importe de conserver la dot, de la faire fructifier.

« La dot ! combien ce mot est expressif.

« La dot est le bien que la femme apporte au mari pour l'aider à supporter les charges du mariage.

« L'épouse a toujours une dot, au moins morale ; et quoi qu'en dise notre spirituel Molière, la dot la plus précieuse n'est pas l'argent, c'est l'amour du travail joint à l'ordre et à l'économie. Mais il n'en est pas moins vrai que la dot en argent a son mérite dans un ménage, et il est essentiel de s'en préoccuper [1]. »

Il est permis aux futurs époux de ne pas rédiger de contrat; mais ils seront soumis alors « au régime de la communauté qui est le droit commun de la France [2] ».

« En adoptant le régime de la communauté pure et simple dans un contrat de mariage ou bien parce que vous ne faites pas de contrat, vous mettez en commun tous vos meubles et valeurs mobilières présentes et à venir, les revenus de vos immeubles et toutes les économies que vous ferez avec votre mari, pour être partagés lors de la dissolution de la communauté. »

— C'est-à-dire à la mort de l'un de nous, n'est-ce pas, madame? demanda Juliette.

— Précisément.

— Qu'appelle-t-on meubles et valeurs mobilières ?

— L'argent, les créances, les rentes, les actions, les obligations, les meubles, l'argenterie, etc. Sous le régime de la communauté, chacun conserve la propriété de ses biens im-

1. N.-M. Le Senne, *Droits et Devoirs de la femme devant la loi française*, p. 92.
2. Code civil, art. 1393.

meubles. Ainsi, Juliette, tu resteras seule propriétaire de la ferme que ta marraine t'a laissée ; le loyer tombera dans ce qu'on appelle « la caisse commune » ; ton mari percevra les revenus, mais il n'aura pas le pouvoir de vendre la ferme sans ton consentement.

— C'est encore heureux ! s'écria Hélène.

— En rédigeant un contrat de mariage, on peut réduire aussi la communauté aux acquêts, c'est-à-dire ne mettre en commun que les revenus et les gains à venir.

« En adoptant le régime dotal pur et simple, chacun des époux conserve la propriété de ses biens, meubles et immeubles, mais les revenus sont au mari ; lui seul a les gains et les épargnes ; rien n'est commun. »

Un contrat est susceptible de bien d'autres modifications ; mais, ainsi que je vous l'ai dit, je ne veux que vous donner des idées générales qu'il est indispensable d'avoir ; à l'occasion, vous chercherez de plus amples détails dans des ouvrages spéciaux ; vous pourrez particulièrement étudier ce qui concerne les donations.

— Madame, dit alors Hélène, parlez-nous donc des testaments. A quel âge peut-on tester ?

— Vous voyez, maman, fit Marthe en riant,

qu'on profite de vos leçons. Hélène parle comme un notaire.

— Une jeune fille célibataire, âgée de seize ans accomplis, peut faire son testament et léguer, pour après sa mort, la moitié des biens dont elle aurait le droit de disposer si elle avait vingt et un ans. A l'âge de la majorité, elle ne pourra léguer que la moitié de sa fortune, l'autre moitié étant réservée par la loi au père et à la mère.

— Geneviève, dit Hélène, je ferai un testament pour te léguer la moitié de mes tableaux.

— Les cadres alors, répondit vivement Geneviève.

Je fis observer que la demi-heure demandée à mes jeunes auditrices était passée. Je leur promis de reprendre un autre jour notre causerie et de leur parler des locations, des titres au porteur, des donations entre-vifs et de leur expliquer le rôle qu'une femme peut être appelée à remplir dans un conseil de famille.

Il est très utile d'être au courant de toutes ces choses sans se passionner sur les affaires; il importe que les femmes ne s'abandonnent pas aveuglément à certains conseils ennemis de la paix[1], par une confiance trop grande

1. Fénelon, *De l'Éducation des filles.*

dans ceux qui sont chargés de leurs intérêts. Ces intérêts, elles doivent les comprendre.

« Mes enfants, dit l'auteur des *Lettres de famille sur l'éducation*, ne seront que des femmes, mais les femmes aussi ont leurs jours de bataille. Rien ne les assure contre la nécessité de déployer à un moment donné le courage ou les résolutions les plus contraires aux habitudes dont on leur fait d'ordinaire un mérite et un devoir. Dans les chances les plus communes de la vie, une femme peut être appelée à prendre, en l'absence de son mari, un parti prompt et décisif sur une affaire importante ; elle peut avoir à soutenir le poids des embarras de fortune de sa famille, à se démêler par son activité dans une situation fâcheuse, à l'ennoblir par son courage ; son malheur, enfin, peut la réduire à être le seul appui de ses enfants. »

A cause de ces considérations, si parfaitement justes, je ne saurais trop recommander aux mères de famille, de même qu'aux institutrices, d'expliquer aux jeunes filles dont elles ont la charge tout ce qui peut, à un moment donné, devenir pour elles d'une si haute importance. Elles seront forcées d'assister plus d'une fois, en famille, à des discussions d'affaires : quelque connaissance sur le sujet leur permettra d'écouter ces discussions sans trop de répugnance et d'ennui.

Tâchons que nos filles deviennent des femmes sensées, judicieuses, instruites de tout ce qu'il leur est utile de savoir, et mettons en premier rang la culture de la raison, du jugement, du bon sens : le bon sens ! qui, selon Bossuet, est le maître de la vie humaine.

Il y eut un bal chez Mᵐᵉ Émery quelques jours avant le mariage de Juliette, à l'occasion de la signature du contrat : c'était la première fois que Marthe assistait à un vrai bal.

Contrairement à l'usage moderne qui veut que les jeunes filles aillent au bal en toilettes luxueuses, je voulus que ma fille portât une robe de tulle. Elle n'avait que des fleurs dans les cheveux et point de bijoux. J'estime que cette mode ruineuse d'habiller les jeunes filles avec des étoffes magnifiques est plutôt de nature à éloigner les maris qu'à les tenter. Devant ce luxe, ils doivent se demander s'ils sont assez riches pour épouser une jeune fille dont la beauté est d'un si coûteux entretien. Ce n'est pas la richesse, mais le choix bien entendu des toilettes qui fait valoir les grâces de la jeunesse. Le tulle, la gaze, la mousseline composent des parures mille fois plus seyantes pour une jeune personne que ces étoffes lourdes et chères qui les écrasent et les vieillissent.

Outre le plaisir que Marthe se promettait de goûter en dansant pour la première fois « dans le monde », elle se faisait une fête de trouver réunies toutes ses amies.

J'avais cru nécessaire de lui donner quelques avis sur la façon dont elle devait accueillir les invitations des danseurs et sur le soin qu'elle devait prendre de ne point les confondre. Je lui avais dit qu'une jeune fille doit rester assise près de sa mère et y revenir aussitôt après la danse; qu'elle doit alors remercier son danseur par une révérence et ne point le retenir par quelques paroles qui témoigneraient du désir de le voir rester près d'elle.

Je trouvai superfin de parler à Marthe au sujet des conversations de bal, qui roulent toujours sur des lieux communs; j'étais sûre d'ailleurs que sa raison saurait la guider dans cette circonstance.

Deux jours après le contrat eut lieu le mariage civil, que suivit de près la cérémonie religieuse.

Notre vie reprit son cours paisible, interrompu seulement par quelques nouvelles invitations. Quoique je n'eusse pas l'intention de faire de Marthe une mondaine, il fallait bien qu'elle se soumît aux convenances. Chaque chose a son opportunité dans la vie ; il y a l'âge de l'étude et l'âge des plaisirs mondains.

En dehors des sorties que nous imposaient les soirées et les dîners auxquels nous étions conviées, j'avais gardé l'habitude de sortir avec Marthe tous les jours, sans cependant que ces promenades devinssent une nécessité. Il est aussi mauvais d'accoutumer une jeune fille à passer sa vie dehors qu'il serait peu hygiénique de la confiner toujours chez elle. Bien plus, je fis prendre à Marthe des leçons d'équitation. C'est une bonne chose que de savoir monter à cheval. En voyage même, cela peut devenir indispensable. Et, d'ailleurs, il faut qu'une jeune fille, sous peine de se singulariser, soit à même de prendre sa part des divertissements sportiques, si à la mode de nos jours.

Sans avoir une grande fortune, on peut se trouver dans un milieu où ces exercices soient en faveur. Elle aurait mauvaise grâce à rester à l'écart, lorsque des jeunes filles de son âge se livrent à ces amusements, et je suis d'avis qu'elle se rendrait ridicule en manifestant comme un certain dédain pour les jeux de ses compagnes.

Partout où l'on va maintenant, aux eaux, à la mer, en voyage, on rencontre des étrangers pour lesquels le lawn-tennis, le crocket, etc., forment un passe-temps dont ils ne sauraient se priver. Et j'étais décidée à faire voyager Marthe.

Si les voyages sont un complément indispensable de l'éducation des hommes, ils ne sont pas moins profitables aux femmes, dont ils élargissent les idées, auxquelles ils donnent de nouveaux aperçus sur de nouveaux sujets. Descartes a écrit : « C'est quasi le même de converser avec ceux des autres siècles que de voyager. Il est bon de savoir quelque chose des mœurs de divers peuples, afin de juger des nôtres plus sainement, et que nous ne pensions pas que tout ce qui est contre nos modes soit ridicule et contre raison, ainsi qu'ont coutume de faire ceux qui n'ont rien vu. »

Loin de penser que le changement de milieu offre un danger, celui de donner à la jeune fille des aspirations qu'elle n'atteindra pas, mon avis est qu'elle trouvera, au retour, les joies du foyer plus douces.

Ce que j'entends par voyager n'est pas d'ailleurs cette course folle que font avec leurs filles certaines mères, à travers les casinos des villes d'eaux ou des plages à la mode ; ces excursions, au lieu de former l'esprit de la jeunesse, ne servent qu'à lui donner l'habitude d'une existence frivole et oisive.

L'utilité des voyages est, à mon avis, de parcourir un pays nouveau, d'étudier des mœurs nouvelles, de visiter des monuments, des musées qu'on ne connaît que par les livres et qu'il est toujours intéressant d'apprécier par soi-même. Voilà pour l'esprit ; quant à la santé, ce qui lui est profitable, c'est un séjour plus prolongé dans une vraie campagne, sur une plage tranquille, où les jeunes filles se promènent, pour prendre l'air, et non pour montrer leurs toilettes. Chacun de ces déplacements a un but, et chacun de ces buts a une utilité.

Les Anglais l'ont bien compris, eux qui, au contraire de nous, passent leur vie hors de leur pays. Que de connaissances ils doivent acquérir en allant ainsi d'un pôle à l'autre ! Mais il est étrange que ce peuple, qui est réputé pour avoir le plus profond sentiment du *home*, soit aussi celui qui abandonne sa maison le plus facilement. C'est à ce goût des voyages que les misses anglaises doivent leur supériorité — la seule peut-être qu'elles aient sur nos jeunes filles — celle de parler couramment plusieurs langues vivantes. Cette science, en dehors des avantages pratiques qu'elle leur procure, offre à leur esprit un aliment nouveau en les mettant à même d'étudier dans les livres originaux la littérature de chaque pays.

L'éducation, en France, a d'ailleurs progressé sous ce rapport; il est peu de jeunes filles qui ne sachent au moins une langue étrangère. Mais savoir une langue ne suffit pas; il faut encore l'entendre et la parler couramment : pour arriver à cela, rien ne vaut un séjour, si court qu'il soit, dans le pays même où elle est en usage.

CHAPITRE XXV

Marthe est dans sa vingtième année. Loin de la croire parfaite, ainsi que le prétendent de bienveillants amis, je la vois telle qu'elle est, telle que nous sommes tous, avec des qualités et des défauts.

S'il ne m'appartient pas de me vanter du résultat d'une éducation qui est mon œuvre, j'ai le droit de dire que, pendant tout le temps qu'elle a duré, il n'est pas une de mes actions, pas une de mes pensées qui n'ait eu en vue le perfectionnement moral et physique de ma fille.

Pénétrée du caractère de sa mission ici-bas, ayant une idée nette des différents devoirs de la femme, Marthe possède cette faculté si précieuse, la justesse de l'esprit et des idées, qui la rend capable d'apprécier les choses à leur véritable valeur. Malgré la réserve qu'impose son âge, on reconnaît en elle un développement d'intelligence qui lui permet, selon les circonstances, de s'intéresser aux questions sérieuses, aussi bien qu'aux plaisirs de la jeunesse.

Simple, naturelle, elle garde dans le monde, avec des manières aisées, la retenue qui convient à une jeune fille. La droiture de son esprit, la maturité de sa raison, m'ont permis de ne point lui laisser ignorer que le mal existe, à côté du bien ; que les hommages, les séductions dont une jolie femme est entourée, constituent un danger dont il faut savoir se garder ; que la jeune fille, comme plus tard la jeune femme, doit, par sa tenue modeste et réservée, imposer à tous le respect et l'estime et se préserver ainsi de soins qui sont plus insultants que flatteurs ; qu'enfin la considération est une chose si délicate et si essentielle pour une femme, qu'elle ne saurait trop éviter tout ce qui pourrait l'effleurer.

« Les mœurs sévères conservent les affections sensibles », a dit Mme de Staël. J'ajoute qu'elles impriment ce cachet de dignité qui distingue la femme du foyer de la mondaine.

Des devoirs divers qui composent l'existence de la femme, Marthe n'ignore point que celui d'épouse, en retour des joies et de la dignité qu'il procure, demande les plus grands sacrifices d'indépendance.

La première qualité d'une femme mariée étant la soumission, je me suis gardée de faire briller le mariage aux yeux de ma fille, comme l'ère de son émancipation. Elle sait, au contraire, que de là dateront pour elle les responsabilités, les charges de la vie ; que le mariage est une association de cœur, d'esprit, d'intérêts, qui doit avoir pour base une estime et un attachement réciproques.

Je compte dans cette grave affaire, qui engagera sa vie, laisser Marthe libre de suivre son inclination, si, comme je n'en doute pas, cette inclination se trouve d'accord avec les lois de la raison. Je ne sache pas de plus grand supplice que celui d'une femme liée à un être qu'elle n'aime pas, et je tiens pour coupables les mères qui, faute d'éclairer leur fille, laissent à son inexpérience le soin de décider du bonheur ou du malheur de sa vie.

Mme de Staël s'exprime ainsi sur le respect du lien conjugal : « C'est dans le mariage, dit-elle, que la sensibilité est un devoir ; dans toute autre relation, la vertu peut suffire ; mais dans celle où les destinées sont entrelacées, il semble qu'une affection profonde est presque un lien nécessaire..... Un ami du même âge, auprès duquel vous devez vivre et mourir, un ami dont tous les intérêts sont les vôtres, dont toutes les perspectives sont en commun avec vous, y compris celle de la tombe, voilà le sentiment qui contient tout le sort. Quelquefois, il est vrai, vos enfants et plus encore vos parents deviennent vos compagnons dans la vie; mais cette rare et sublime jouissance est combattue par les lois de la nature, tandis que l'association du mariage est d'accord avec toute l'existence humaine. La pureté de l'âme et de la conduite est la première gloire de la femme. Quel être dégradé ne ferait-elle pas sans l'une et sans l'autre ! La fidélité est commandée aux femmes par mille considérations diverses ; elles peuvent redouter les périls et les humiliations, suites inévitables d'une erreur : la voix de la conscience est la seule qui se fasse entendre à l'homme ; il sait qu'il fait souffrir, il sait qu'il flétrit par l'inconstance un sentiment qui doit se prolonger jusqu'à la mort et se renouveler dans le ciel. Dieu a créé l'homme le premier, comme la plus noble des créatures, et la plus noble est celle qui a le plus de devoirs. La vraie supériorité consiste dans la force de l'âme, et la force de l'âme, c'est la vertu. »

A ces éloquentes paroles, j'ajouterai qu'une

femme vertueuse doit encore être aimable et joindre à la pureté de la conduite la grâce qui fait le charme de la vie et retient un mari dans son intérieur. « Préparer à ceux qui nous entourent d'agréables heures, leur épargner d'insupportables ennuis, arracher de leur chemin les broussailles, écarter de leurs pas les cailloux, les attendre au logis et les recevoir avec un sourire toujours gracieux, une parure toujours fraîche, soin puéril qui cependant signifie : « Je vous attends toujours », c'est le principal intérêt de toute femme vraiment tendre et dévouée. »

En donnant aux femmes ces conseils précieux, Mme de Girardin leur rappelle qu'à côté des devoirs essentiels de l'épouse, il en est d'autres non moins nécessaires au bonheur du ménage, et qui consistent dans les soins et les détails de délicatesse qu'inspire le désir de plaire.

J'ai également persuadé à Marthe que la douceur est, pour une femme, un des plus puissants attraits, et que cette qualité est peut-être celle qui attache le plus un mari.

On sait ce que dit J.-J. Rousseau à propos de la douceur : « La première et la plus importante qualité d'une femme est la douceur :

faite pour obéir à un être aussi imparfait que l'homme, souvent si plein de vices, et toujours si plein de défauts, elle doit apprendre de bonne heure à souffrir même l'injustice et à supporter les torts d'un mari, sans se plaindre : ce n'est pas pour lui, c'est pour elle qu'elle doit être douce. L'aigreur et l'opiniâtreté des femmes ne font jamais qu'augmenter leurs maux, et les mauvais procédés des maris ; ils sentent que ce n'est pas avec ces armes-là qu'elles doivent les vaincre. Le ciel ne les fit point insinuantes et persuasives pour devenir acariâtres ; il ne les fit point faibles pour devenir impérieuses ; il ne leur donna point une voix si douce pour dire des injures ; il ne leur fit point des traits si délicats pour les défigurer par la colère ! Quand elles se fâchent, elles s'oublient ; elles ont souvent raison de se plaindre, mais elles ont toujours tort de gronder. Chacun doit garder le ton de son sexe ; un mari trop doux peut rendre une femme impertinente ; mais, à moins qu'un homme ne soit un monstre, la douceur d'une femme le ramène et triomphe de lui tôt ou tard. »

La douceur et la soumission, si nécessaires à la femme, ne doivent pas, pourtant, l'annihiler

au point de la transformer en une esclave sans
volonté et incapable d'initiative. Tout en n'igno-
rant pas que, comme femme, elle occupe dans
l'ordre social la seconde place, et qu'elle doit
vivre dépendante de son mari, ma fille sait
qu'elle a des droits moraux et que sa raison,
mûrie par l'éducation et les enseignements de
la famille, pourra lui servir à intervenir dans
les intérêts communs du ménage.

Elle comprend que la confiance s'obtient par
le sérieux de la conduite et qu'elle ne doit pas
seulement se faire aimer, mais encore se faire
estimer, par ses qualités de droiture et de jugement. Il faut pour cela, ainsi que l'a écrit
J.-J. Rousseau, ne rien ignorer de nos institu-
tions, de nos usages, de nos bienséances. « Dès
lors, dit-il, que la femme dépend à la fois de
sa propre conscience, et des opinions des
autres, il faut qu'elle apprenne à comparer ces
deux règles, à les concilier, et à ne préférer
la première que quand elles sont en opposition. Elle devient le juge de ses juges, elle décide quand elle doit s'y soumettre et quand elle
doit les récuser. Avant de rejeter, ou d'admettre leurs préjugés, elle les pèse, elle apprend à remonter à leur source, à les prévenir,
à se les rendre favorables ; elle a soin de ne

jamais s'attirer le blâme, quand son devoir lui permet de l'éviter. Rien de tout cela ne peut se faire, sans cultiver son esprit et sa raison. »

C'est à quoi ont tendu tous mes efforts, en ce qui concerne l'éducation de Marthe. En se mariant, elle saura ce qu'elle veut et n'aura pas besoin de renoncer à son propre caractère, pour accomplir une mission que je lui ai appris à connaître et à aimer. Elle sera, je l'espère, cette femme *ferme et solide par l'esprit, par le caractère et par le cœur*, dont parle Fénelon : une femme de foyer, occupée du bonheur de ceux qui l'entourent, sachant, selon la nécessité, s'accommoder aux exigences du monde ou faire céder ces convenances à des devoirs d'un ordre supérieur.

TABLE DES MATIÈRES

PARIS. — TYPOGRAPHIE A. HENNUYER, RUE DARCET, 7.